Claudia Wolff

Letzte Szenen mit den Eltern

SERIE PIPER

Zu diesem Buch

Die Tochter, die ihr eigenes Altern vor sich sieht, erlebt das Sterben des Vaters, die Hilflosigkeit und plötzliche Vergreisung der Mutter – und reagiert mit heftigen Gefühlsschwankungen, gegen die ihre Vernunft vergeblich protestiert: Jammer, Panik, Wut und der Wunsch nach Nähe. Sie erträgt nicht, wie die Mutter in eine merkwürdig selektive Demenz gleitet. In ihre verzweifelte Auflehnung mischt sich Schuldgefühl. Sie organisiert den Umzug der Mutter in ein Wohnstift, weil sie nicht mit ihr leben kann. Jeder Besuch, auch die Zeit dazwischen, ist von dieser Ambivalenz der Gefühle gezeichnet. Es dauert lange, bis die Tochter die Liebe wieder spüren und im Einverständnis mit der Mutter zusammensein kann. Claudia Wolff erzählt in eindrücklichen Szenen vom langen Abschiednehmen, vom vagen Gefühl, noch etwas aufdecken zu müssen, damit man das eigene Leben besser versteht – eine letzte Expedition ins Familieninnere.

Claudia Wolff, geboren 1941, studierte Literaturwissenschaft und Philosophie und ist als freie Autorin tätig. Sie schreibt vorwiegend Radiostücke: Features, Essays, Kommentare, Glossen für den WDR und andere Sender der ARD. Claudia Wolff ist Mitglied der Akademie der Künste Berlin-Brandenburg und lebt in Heidelberg.

Claudia Wolff

Letzte Szenen mit den Eltern

Piper München Zürich

FSC

Dieses Taschenbuch wurde auf FSC-zertifiziertem Papier gedruckt. FSC (Forest Stewardship Council) ist eine nichtstaatliche, gemeinnützige Organisation, die sich für eine ökologische und sozialverantwortliche Nutzung der Wälder unserer Erde einsetzt (vgl. Logo auf der Umschlagrückseite).

Ungekürzte Taschenbuchausgabe
Piper Verlag GmbH, München
März 2006

Umschlag / Bildredaktion: Büro Hamburg
Heike Dehning, Charlotte Wippermann,
Alke Bücking, Daniel Barthmann
Foto Umschlagvorderseite: Susan Daboll / Graphistock / Picture Press
Satz: Schuster & Junge, München
Papier: Munken Print von Arctic Paper Munkedals AB, Schweden
Druck und Bindung: Clausen & Bosse, Leck
Printed in Germany
ISBN-13: 978-3-492-24638-5
ISBN-10: 3-492-24638-9

www.piper.de

Die Tochter, während sie Tage und Nächte am letzten Bett
ihres greisen Vaters sitzt, sieht immer auf seine Nase.
Kommt aus dem Krankenhaus heim, schaut in den Spiegel.
Die Nase, während sie ihrem Gesicht lebendig entspringt,
ist gleichwohl schon eine tote Nase.

»Wir müssen jetzt gehen, glaub ich –«, sagt die Tochter zur greisen Mutter, die sich vom Garten, der bis vor ein paar Monaten ihrer war, wieder verabschieden soll.

Die bebende Unterlippe der Mutter.

Immer das Zeichen, daß sie das Schluchzen zurückzuzwingen bemüht ist, dem sie gleichwohl nach wenigen Sekunden erliegt.

»Hier war mein Zuhause.«

Die alternde Tochter, haltlos-ratlos, geladen mit Jammer, Schuld und Wut. Hält die Autotür auf. Wartet.

Wartet, bis die Mutter auch den rechten Fuß nachgehoben und untergebracht hat samt dem Stock. Schlägt mit hochkonzentrierter Sanftheit die Autotür zu. Auf den Rücksitz legt sie die Rosen aus dem Garten und setzt sich ans Steuer. Eingerüstet jetzt in ein katastrophenträchtiges Schweigen.

In den 40 Minuten, die die Rückfahrt ins Wohnstift gewöhnlich dauere, erzählt die alternde Tochter der ebenfalls alternden Freundin, habe die Mutter sechsmal, genau sechsmal bemerkt, daß es ja doch eine ganz schöne Strecke sei – »jedesmal mit einem ausdrücklich frischen Staunen«.

Die ersten Male, ersten drei Male sei ihr die Antwort

in einem Ton gelungen – »ja, nicht wahr?« –, in einem Ton, dem die Mutter wohl nicht das geringste habe anmerken können – »ja, du hast recht, eine ganz schöne Strecke« –, beim vierten Mal allerdings habe sie die Worte schon auf einen seufzenden Atem betten müssen, während beim fünften und sechsten Mal – »Du weißt, wovon ich rede« –, sagt die Tochter zur Freundin, es sei ja nicht nur die Gereiztheit, sondern dieses verzweifelt Äffende, beschämend Äffende, dieser Ton, für den man sich hasse, noch während er sich aus der eigenen Kehle herausmoduliere. »Es tönt aus mir, ich bin es gar nicht, die spricht. Es überkommt mich, das Äffende, es ist wie ein Hustenreiz, wie ein Niesen, etwas Unwillkürliches: ›Ja, ja, ja, eine ganz schöne Strecke‹ – ungefähr so, oder so: ›Ja – eine ganz schöne Strecke – ja, ja –‹, und man fühle sich, während es einem geschieht, dermaßen beschissen.«

»Aber wie wars bei deinem Vater?«

»Mein Gott«, sagt die Freundin und läßt eine Pause für die langmähnigen Seufzer, also der Vater sei wieder einmal vollkommen angezogen – »stell dir vor, im Anzug, mit Weste« –, sei der Vater im Bett gelegen, wobei der oberste Hosenknopf auch noch gefehlt habe, jetzt zahle man mehr als 3500 Euro im Monat und sie, »sie lassen ihn mit halboffener Hose im Bett liegen und sind zu faul, einen Knopf anzunähen«.

Der Vater der Freundin ist 93.

»Wenn du dir vorstellst, da war Mozart schon 58

Jahre tot und Schubert schon 62 Jahre tot. Also mit 93 war Schubert schon 62 Jahre tot. Das mußt du dir vorstellen.«

»Ja«, sagt die Tochter, »sonst wär ihm die Winterreise ja auch nicht zugestoßen.«

Und fügt hinzu, sie habe gestern den ganzen Tag nach dem Namen des Schriftstellers Joseph Conrad gesucht.

»Den ganzen Tag. So fängt es an.«

»Ach, warum wird man nur so alt!«

In Tränen wieder einmal die greise Mutter, nachdem die Tochter durch penetrierendes Fragen, die Begebenheiten des gestrigen Tages betreffend, den längst bekannten Zustand des mütterlichen Gedächtnisses bloßgestellt hat. Die Tochter pflegt es Gedächtnistraining zu nennen, um die Bloßstellung in der Aura liebenden Wohltuns zu sänftigen. Während es ihr offenbar auf nichts so sehr ankommt wie auf die Vorführung der Aussichtslosigkeit. Auf das Sammeln von Unglücksmaterial, Verzweiflungsstoff.

»Ach, warum wird man nur so alt«, sagt die greise Mutter.

»Das weißt du doch, warum man so alt wird. Man hat so gesund gelebt! Reformhaus! Das muß ja bestraft werden«, sagt die Tochter. »Die frisch gepreßten Säfte täglich vor dem Mittagessen, das Vollkornbrot, die vegetarischen Pasteten! Salate! Kräuter! Obst! Und niemals Haxen! Kein Alkohol! Nicht eine Zigarette! Und keine Leidenschaftsverzehrungen! Das macht, na ja, das Leben endlos!«

Jedesmal lacht die greise Mutter. Nicht ganz entschieden vielleicht, ob sie dem Humor die Beimischung von Vergeltungslust abhören soll.

Jedesmal lacht die greise Mutter, als vernähme sie die Antwort, die sie mindestens einmal pro Woche bekommt, zum ersten Mal.

Die Mutter, indem sie die Erinnerung an vorgestern, die Erinnerung an gestern, die Erinnerung an vorhin und eben verweigert, zieht die alternde Tochter in den Kreislauf der Wiederholung. In den Vorschein der eigenen Vergreisung.

Die Tochter wehrt sich. Als könnte sie die Mutter in die Zurechnungsfähigkeit zurückpressen. Als müßte die nur nochmal wollen.

Die jüngere Freundin aber.

Die jüngere Freundin führt ihre greise Mutter regelmäßig aus dem Altersheim in den Zoo. Nachdem sie bemerkt habe, daß die Mutter sich stets von neuem und stets vergeblich auf den Namen der Flamingos besinne, habe sie sich, erzählt die Freundin, angewöhnt, der Mutter das Terrain der Flamingos rechtzeitig anzukündigen, um ihr das Innewerden der eignen Versehrtheit zu ersparen. »Schau, Mutter, da sind die Flamingos wieder«, worauf die Mutter mit einem dankbar beglückten Lächeln – »Ja, da sind die Flamingos« – sich ganz entspannen könne bei den Flamingos.

Die Tochter sieht sich neben der grundgütigen Freundin tiefschwarz. Sie natürlich würde ihre Mutter jedesmal examinieren: »Erinnerst du dich heute, wie diese Vögel da heißen, na?«

»Aber warum«, fragt die jüngere Freundin, »bist du so wütend?«

»Weil ich an meine neue Mutter noch nicht gewöhnt bin. Weil ich ihr die Vergreisung nicht verzeihe.«

Die Mutter ist jetzt genauso alt, wie der Vater war, als er starb.

Ins Krankenzimmer des greisen Vaters tritt die Tochter im Augenblick, da die Schwestern und der Pfleger ihn aufgedeckt haben. Er ist auf die rechte Seite gedreht, dem Fenster zu. Das Gesäß mit Kot beschmiert, die Schwestern und der Pfleger beim Säubern, während sie lindernd auf ihn einsprechen.

Der Vater, obwohl weggedreht von der Tür, hat das Hinzutreten der Tochter wahrnehmen müssen. Mit der Linken versucht er, den nackten besudelten Hintern abzuschirmen. Die Scham des Vaters wächst durch den Raum zu ihr hin.

Nie, in Jahrzehnten nicht, sagt die Tochter später der Freundin, habe sie den Hintern des Vaters gesehen. So wenig wie sein Geschlecht. In der Familienphantasie sei der Hintern des Vaters eine Macht gewesen – »Obstipation, chronische Obstipation« –, er habe, um sich Erleichterung zu schaffen, oft lang und allein in den Wald laufen müssen. »Und manchmal hat er uns tagelang mit einem bedrohlichen Schweigen gestraft, es kam mir wie eine Spiegelung vor«, sagt die Tochter, und bedrohlich wie das regelmäßig wiederkehrende Schweigen sei das gelegentliche Auftreten von Blutspuren in den väterlichen Unterhosen gewesen, von denen die Mutter ihrer jugendlichen Tochter in Augenblicken der Verzweiflung habe berichten müssen – »Er geht ja auch nicht zum Arzt!« – habe die Mutter dann mit geballter Faust hervorgestoßen, »mit geballter Faust und sorgend und leidend«. Als kriege man beim Arzt das ewige Leben verschrieben.

Weil der Vater fast nie zum Doktor gegangen ist, deshalb immer schuld war, wenn er was hatte, während die unschuldige Mutter dauernd zum Doktor gegangen ist, weil sie dauernd irgendwas hatte und weil es immer der Krebs war, der jetzt womöglich erkannt werden würde, deshalb hat die Tochter den Tod der Mutter immer wieder denken müssen, in vorauseilender Verzweiflung. »Dauernd zum Doktor gegangen – es reicht vielleicht, wenn ich ›oft‹ sage, was treibt mich bloß«, denkt die Tochter.

Das jeweils verabreichte Diagnosevokabular sitzt ihr im Ohr, das die Mutter mit Sorgfalt sich zu eigen gemacht, aufs präziseste artikuliert hat: die »vegetative Dystonie« in den fünfziger und sechziger Jahren, die »Polymyalgie« in den Achtzigern und Neunzigern.

»Meine Polymyalgie macht mir wieder schwer zu schaffen«, »meine Polymyalgie hat mich wieder fest im Griff«. Standardisierte Sätze, die das empfindsame Ohr der Tochter unfehlbar trafen, wenn sie sich telefonisch nach dem Ergehen der Mutter erkundigte, aber nicht hinwollte. Die Mutter pflegte in dermaßen liebevoller, einfühlsamer Besorgnis zurückzufragen, daß es die Tochter, selbst wenn es ausnahmsweise mal zu vielsagendem Seufzen keinen Grund gab, nicht übers Herz brachte, ihr eigenes Wohlsein zu gestehen; sich vielmehr mit Andeutungen revanchierte, welche die drohende Wiederkehr einer Depression umspielten, ausbalancierte Leidenskonkurrenz über Jahre hin. Von der Tochter, die sich dabei nicht ausstehen konnte, reflexhaft inszeniert, immer dann, wenn sie nicht hinwollte.

»Ich hab ja immer Angst gehabt, daß du stirbst, die ganze Kindheit hindurch«, sagt die Tochter angestrengt vorwurfslos zur greisen Mutter, während sie ihr die Fingernägel schneidet.

»Ach«, sagt die Mutter, die ihre Polymyalgie samt den Standardwendungen längst vergessen hat, »das tut mir aber leid.«

Und da die Nägel geschnitten sind: »Danke. Du bist so lieb. Was täte ich ohne dich.«

Am linken Ringfinger hat die Tochter etwas zu tief geschnitten, die Andeutung eines Schreis ausgelöst. Die Nägel sind jetzt dick und hart.

Zieh dich warm an.
Bist du auch richtig angezogen.
Daß du dich nur nicht erkältest.
Das ist viel zu dünn für heute.
Kniestrümpfe kommen heut gar nicht in Frage.
Fahr lieber erst morgen, es soll schneien.
Hast du dich warm genug angezogen.
Hast du was zu essen dabei.
Du solltest zum Arzt gehen.
Mit dem Fahrrad bei diesem Verkehr, kommt gar nicht in Frage.
Kühl dich aber ab, bevor du ins Wasser gehst.
Nein, so eiskalt wird die Milch nicht getrunken.
Daraus kann eine Lungenentzündung werden.
Bleib lieber noch einen Tag im Bett.
Das kannst du doch nicht alleine schleppen.
Zieh dich um Gottes willen warm genug an.
Hast du nichts für den Kopf?
Warum knöpfst du den Mantel nicht zu.
Vergiß den Schal nicht.
Doch nicht mit diesen Schuhen!

Angst-Infusion.

Es komme ihr vor, sagt die Tochter zur Freundin, als

sei die Mutterangst in jede Zelle des Kindes gewandert, sei nie ganz zu überschreiben gewesen. Dabei habe man – »das genau ist ja das Hundsgemeine daran« – die Mutter in ihrer Besorgnismanie immer verstehen müssen, »müssen«.

Mitzufühlen, immer mitzufühlen sei doch selbstverständlich gewesen, da so schweres Unglück über der Mutter hing: Verbrennungstod des erstgeborenen Kindes, das zweijährig ins kochend heiße Badewasser stürzt, die Tochter ist fünf Monate alt, »das Badewasser sollte temperiert werden, sollte für mich sein, verstehst du, für mich«, sagt die Tochter. »Da mußt du lieb, lieb, lieb sein, immer lieb«, sagt die Tochter, »da kannst du doch nicht ...!«

Zumal es an Weihnachten passiert und das Kind viel schöner gewesen sei als sie selber: »Auf vielen Fotos mein verknautschtes Babygesicht neben diesem strahlenden Kind.«

Immer auf Weihnachten zu, wenn Tod und Schuld sich jähren, die Intensivierung des mütterlichen Unterlippenbebens.

Immer auf Weihnachten zu die traurige Mutter besonders schonungsbedürftig. Immer auf Weihnachten zu die Mutterliebe so tränennah – »so weh, so immer am Rand des Verlierens, so durch und durch ›Winterreise‹«.

Gefrorne Tränen fallen
Von meinen Wangen ab:

Ob es mir denn entgangen,
Daß ich geweinet hab?

Ei Tränen, meine Tränen,
Und seid ihr gar so lau,
Daß ihr erstarrt zu Eise
Wie kühler Morgentau?

»So hat man diese Lieder noch nie gehört.« Der Vater, mit hochgezogenen Brauen, wie er sie auch beim Rezitieren von Rilke zu ziehen pflegt, legt zum ersten Mal diese Platten auf. »Die Winterreise«. »Die schöne Müllerin«. 1953 vielleicht oder 54. Inständiges Lauschen. Die Mutter staunend, das Gesicht im Schmerzglück. Fischer-Dieskau natürlich.

Die Ankunft von Fischer-Dieskau in den fünfziger Jahren: Familienoffenbarung. Kaum könne das nachvollziehen, wers nicht erlebt habe, erzählt die Tochter der Freundin, Fischer-Dieskau habe wie niemand die Stimmung getroffen, »die Stimmung gemacht und die Stimmung getroffen«, sagt die Tochter, beim Klang der Stimme von Fischer-Dieskau, Schubert-Stimme, habe eine dermaßen verschärfte Innigkeit geherrscht, ein geradezu Seelenbeben. An seiner Wortbehandlung habe man sich berauscht, allein wie er den Konsonanten »W« habe klingen, nein wehen lassen, den Konsonanten »W«, mit dem das Wort »weinen« anhebe – das Winterreise-Weinen –, niemals habe jemand das »W« am Weinen in ein dermaßen wehes Schwingen gebracht – »wahain, wahahain auf meiner Hoffnung Grab – wahain, wahahain – sowas von Wehbehagen«, sagt die Tochter, vor lauter Wehbehagen seien Mutter und Tochter einander in die Seele gekrochen.

Ei Tränen, meine Tränen,
Und seid ihr gar so lau,
Daß ihr erstarrt zu Eise
Wie kühler Morgentau?

Und dringt doch aus der Quelle
Der Brust so glühend heiß,
Als wolltet ihr zerschmelzen
Des ganzen Winters Eis !

»Da war ich zwölf oder dreizehn und hab jede Nuance gekannt. Und alle Amischlager aus dem AFN auch.«

»Schweres Kindheitsschicksal«, sagt die Freundin. »Hochkulturelle Frühinfektion! Mir kommen die Tränen jetzt auch.«

»Und heut, wenn ich die Stimme vom jungen Fischer-Dieskau höre«, sagt die Tochter, »dann ist die ganze schöne Ironie wieder perdu.«

»DAS SCHWARZE KLAVIER! Das ist unser Klavier! Unser schwarzes Klavier! Grotrian-Steinweg!«

Klavier auf der Bühne. Ob es ein Grotrian-Steinweg ist, kann die Tochter natürlich aus ihrer 10. Reihe nicht sehen. Die Tochter ist im Theater, in Zürich. Starrt hingenommen auf diese Bühne, auf der in unendlicher Redundanz gesungen, sexualitätsfern sich unendlich gesehnt, ausweglos von Wand zu Wand gerollt wird, alles aufs innigste: Christoph Marthalers Schubert-Inszenierung. »Die schöne Müllerin«, choreographisch entfaltet, in eine Biedermeierszene gestellt, die in der Tochter die Erinnerung an ihre kindlichen fünfziger Jahre wachruft. »Gute Ruh, gute Ruh, tu die Augen zu« – während die greise Mutter, die das alles vor vielen Jahren gesungen hat, im Wohnstift vor sich hin dämmert, findet sich die Tochter zurückgesogen in die selig-sehnsüchtig in sich selber kreisende Innigkeitsdepression, melancholische Schubert-Verzückung, Drei-Zimmer-Wohnungs-Träne, diese Einschließung ins Familiengefühl, dieses Nicht-Rauskönnen, Immer-wieder-unter-die-Decke-kriechen, nach jedem Ausbruchsversuch: geniales Regressions-Theater. Durchleuchtet von einer Ironie, zu der nur fähig ist, wer der Schubert-Stimmung verfallen kann. Sie habe, sagt die Tochter, noch in keinem Theater so sich durchschaut, erkannt, entblößt gefühlt, lustvoll entblößt.

»So marthalerhaft möcht ich gern selber von der Familie erzählen, der Mutter zuallererst«, sagt die Tochter, dann würde die Mutter womöglich die mütterliche Liebeseinschließung, Verbarrikadierung des Möglichkeitshorizonts als Unglücksquelle erkennen, dann würde die Tochter ihr endlich, ohne Druck in der Stimme, von der Angst erzählen, die hinter der Innigkeit hergekrochen sei – zu spät.

Die Mutter würde sie unentschlossen anschauen. Den Willen zum Einspruch nicht finden, und auch das Wort nicht.

»Überliebt«, denkt die Tochter plötzlich. »Wir haben uns überliebt – ›überliebt‹ ist nicht schlecht – neues Wort. Muß ich mir aufschreiben.«

»Wie gern hätt ich sie wenigstens einmal richtig besoffen gesehen! Lallend. Torkelnd. Pöbelnd.«

In der alternden Tochter tobts.

Etwas Ungenaues.

Wenn die Mutter zum Vater manchmal »du Arschloch« gesagt hätte. »Du verspanntes, verkrampftes Arschloch«. Statt diesen Ausdruck schweigend empörter Entsagung auf dem Antlitz zu tragen.

Und wenn der Vater zurückgebrüllt hätte – »Halts Maul du«, dann wäre vielleicht – »Halts Maul, du blöde Kuh, ewig moralisierende Kuh, ewig leidende Kuh« –, dann wäre vielleicht schon 1954 oder 55 eine Art Freiheit ausgebrochen.

Manchmal, sagt die alternde Tochter zur Freundin, wünsche sie sich einfach eine andere Sorte Unglück, »nicht gleich das Glück, sondern einfach nur mal eine andere Sorte Unglück«. Eines, an dem einfach mehr Fleisch sei, ihretwegen auch faules Fleisch. Statt des Wehs, das von der stumm bebenden Unterlippe der leidenden Mutter stamme und aus der über die Maßen trostlosen Herrlichkeit der Winterreise, eine handfeste Traumatisierung. »Mißbrauch! Prügel! Alkohol! Fliegende Fetzen! Halbseidene Weiber! Fett aufgetragene Schminke! Kettenrauchen! Liebhaber! Scheidungen! Ficken bei offener Tür ! Inzest! Sauereien statt Innigkeit!«

Sie würde so gern mal, behauptet die alternde Tochter, aber soll man das glauben, so gern mal ausprobieren, wie sich eine Beschädigung anfühle, die aus einer total ordinären Bezugsquelle stamme.

Liest in einem Prozeßbericht: »Gab es einen Grund dafür, daß Ihre Mutter Sie gehaßt und bis zur Bewußtlosigkeit geschlagen hat? Sie mit Ratten in den Keller sperrte?«

»Mit Ratten in den Keller gesperrt! Da wüßte man doch wenigstens, was man gehabt hätte! Sauereien statt Innigkeit! Verstehst du, was ich meine. Oder sie wären Nazis gewesen, wenigstens das!«

Tatsächlich, ruft die Tochter mit theatralischer Verzweiflung, habe sie manchmal, aber natürlich sei das gelogen, Kinder mit Nazi-Eltern beneidet.

»Da kannst du die große Attacke fahren! Da kannst du abhauen! Aber so. Nicht mal die CDU haben sie je gewählt. Und zu Weihnachten haben wir Strohsterne an Mutters Freundin in Jerusalem geschickt. Verstehst du, was ich meine – wir waren ja auch noch beim besseren Deutschland!«

Solang sie zurückdenken könne, zurückdenken zu können meine, sagt die Tochter: Ihre herzinnige Kindesliebe sei imprägniert gewesen mit dem Vorgefühl des Verlierens, das sich dann in jede Erwachsenenliebe eingemischt habe, um sie nur ja schmerzlich genug zu machen. Später sei das lastende Vorgefühl manchmal umgesprungen in ein wütendes Wünschen– »ich war schon fast vierzig, auf einer griechischen Ferienreise« –, da habe sie mal, sagt die Tochter, zwei Tage lang niemanden zu Hause erreicht, und ganz plötzlich habe die Angst sie angefallen und eingeschnürt, als müsse es jetzt, jetzt, jetzt soweit sein, der finale Verlust endlich eingetreten – und wie dann, aus der in Jahrzehnten geschichteten Angst, ein scharfer Schmerzwunsch hervorgebrochen sei – es sollte jetzt endlich geschehen sein, damit es hinter ihr liege.

Am letzten Bett des greisen Vaters.

Die Tochter am Fußende stehend. Die Schwestern machen alles frisch, das Hemd wird gewechselt. Die Tochter, er bemerkt sie nicht, starrt dem Vater auf das nie gesehene Geschlecht.

Wie er sich beim Waschen, Anziehen, Umziehen geradezu verbarrikadiert habe, wie er die Tochter geschüttelt habe, wenn sie an seinem Hals habe hängen wollen – »halb spielerisch geschüttelt und grinsend« –, sagt die Tochter zur Freundin, »aber das Spielerische war vielleicht auch nur gespielt«. Merkwürdig jedenfalls sei es gewesen, daß der Vater so oft den Körper versteift, das Gesicht im Gelächter verkrampft habe, wenn sie mit ihm habe schmusen wollen, daß die Gebärde des Streichelns manchmal umstandslos sich verwandelt habe in einen verschwommenen Klaps – »von wegen Mißbrauch« –, sagt die Tochter, »wer redet mal davon, was die Verweigerung des Körpers uns antut!«

Sie ist 13 oder 14, als sie in der Brusttasche des väterlichen Jacketts etwas sucht. Ein Päckchen Präservative findet, eins rausholt und mit aufs Klo nimmt und aufbläst, wieder rauskommt, den Vater scheinheilig fragt, was das sei.

Der Vater kalt vor Wut. Schweige-Strafe. Die fünfziger Jahre.

Die Tochter holt die greise Mutter im Wohnstift ab.

»Diese Hose kann ich nicht anlassen, oder?«

Die alternde Tochter, schweigend, starrt auf das hängende Greisinnenfleisch. Sieht in den greisen Schenkeln die eignen, final verurteilten Schenkel, unaufhaltsam auf dem Weg zum Mutterfleisch. Vor und zurück ins Mutterfleisch.

Abzustammen sei das Allerentsetzlichste!

»Ich will nicht abstammen«, sagt die alternde Tochter zur ebenfalls alternden Freundin, indem sie jedes Wort mit endzeitlichem Ekel auflädt: »Abstammen! Das ist der perfideste Hinterhalt, den sie sich ausgedacht haben. Sogenannte Natur! Grauenhaft! Ich würde mich doch jubelnd ins Genlabor stürzen, ohne die Ethikkommission zu fragen! Umzüchten lassen!«

Und, nach einer Pause: »Unglaublich! Wie kann denn eine intelligente Person dieses pin-up-mäßige Grausen vor dem gealterten Fleisch sich zu eigen machen. Ich mit meinem Jedermanns-Grausen.«

Heute am Telefon klingt die Stimme der Mutter elastisch, jung.

»Was tust du gerade?«

»Ich habe Zeitung gelesen.«

Beim Klang der Mutterstimme entspannt und heimgesucht von einem seltenen Anfall der Zuversicht, will die Tochter nicht fragen, was in der Zeitung denn stehe. »Du hast eine so junge Stimme.« Viele Frauen in diesem Alter, sagt die liebe Tochter der lieben Mutter, hätten ja eine fahle Stimme, »ohne Farbe, ohne Modulation, wie ausgebleicht. Du aber.«

»Ja?« sagt die Mutter. Ganz kleines Lachen. Geniert und zugleich beglückt.

»Vielleicht, weil du früher gesungen hast.«

»Ja vielleicht«, sagt die Mutter.

»Weißt du noch, wie du mal am zweiten Akt Tristan rumprobiert hast, und deine Stimme leuchtet plötzlich geradezu Nilsson-mäßig?

Barg im Busen uns sich die Sonne –

leuchten lachend Sterne der Wonne –

bei ›Wonne‹ hast du dich plötzlich getraut, weit aufzumachen – war Wahnsinn – fand sogar Vater toll.«

»Weiß ich das noch?«

Die Mutter lacht.

Für diesen Tag ist alles gut. Na ja, ganz gut.

Die Tochter konzentriert ihre Phantasie auf diesen einen und einzelnen Mutterton, den sie jetzt wieder hört, wie sie damals ihn meint gehört zu haben: leuchtend, vibrierend. Das, wahrscheinlich, hätte der tragende Mutterton sein sollen – der erotisch gespannte Ton, der aus der depressiven Innigkeit ausbricht. Vielleicht, sagt die Tochter, habe der Erosmangel der wunderwarmen

Mutterstimme eine Sehnsucht nach Tönen erzeugt, die den Körper attackieren, vielleicht sei sie deshalb mit siebzehn spontan erregt der Callas-Stimme verfallen. Der Gegenstimme?

»Ich hab an meiner Mutter das Expansive vermißt. Es war sowas Moralisch-Protestantisches an ihr«, behauptet die Tochter und stellt sich vor, wie ihre religionslose Mutter früher gegen das »Protestantische« protestiert haben würde. Aber nie habe sie an der Mutter eine Sehnsucht nach wollüstiger Körperdehnung bemerkt, nach Leidenschaft.

»Ich weiß nicht, wie alt ich war, als ich anfing, das Unerotische meiner Mutter als einen Mangel wahrzunehmen. Als sei ich selber dadurch beschädigt. Das Ressentiment, gegen das dein Gerechtigkeitssinn einfach nicht aufkommt.«

Am Bett des greisen Vaters sitzend, schaut die Tochter aufs Gesicht des Schlafenden. Die Zuckungen, schnell wechselnden Mienenspiele.

Sie träumt das Gesicht des Vaters, wie er am Klavier sitzt und Tristan spielt.

Hochgezogene Brauen, das Zeichen seines Hingegebenseins, das manchmal ironisiert wird durch eine eigentümliche Lippenspannung, zumal, wenn er den Gesang der Mutter begleitet, SchubertSchumannBrahms.

Seine parodistisch grimassierende Ungeduld, wenn er immer schon weiterspielt und weiterblättert, obwohl die Mutter etwas wiederholen, schöner, besser machen will. Fremd scheint der Mutter die Lust, durch Ironie die Hingabe manchmal zu brechen. Vor Marthalers »Müllerin« wäre sie nicht erst als Greisin ratlos geblieben. Während der Vater die eigene Nähe zu Marthalers Ironie nicht erkannt hätte, er wär gar nicht hingegangen.

»Ich stell mir jetzt vor, daß er die Ausdrucksinbrunst der Mutter wunderbar fand und peinlich intim zugleich. Daß er die Ambivalenz nicht ausgehalten hat.« Öffentliche Auftritte der Mutter, preisgebende Auftritte hat der Vater torpediert, indem er ihr zum Beispiel Einladungen vom Konservatorium unterschlagen hat oder mindestens nicht weitergesagt – »als fürchte er eine Entblößung, bei der jemand zuschaut«.

Die Tochter, später, hat der Mutter vorgeworfen natürlich, daß sie sichs habe gefallen lassen, aus Mangel an Selbstgefühl – »als wärs nicht das übliche Opfer gewese«, sagt die Tochter zur Freundin, »der ganze schöne Eigensinn in die heilige Sorge umgeschmolzen, mit der die Kinder gehegt werden müssen, damit ihnen die Trennung erst gelingt, wenn sie schon tot sind«.

Übrigens könne es sein, daß ihr sogenanntes Gedächtnis sie trüge. »Vielleicht hat er ja nur ein einziges Mal ungeduldig weitergespielt. Und eine einzige Einladung nicht weitergesagt. Und meine Erinnerung hat diese einzigen Male zum System hochgefahren!«

Die Tochter, da sie ihre Neigung zur Negativselektion bekennt, stößt auf ein Hegelzitat und fühlt sich verstanden. Die Weltgeschichte, sagt Hegel da, sei nicht der Boden des Glücks: »Die Perioden des Glücks sind leere Blätter in ihr; denn sie sind die Perioden der Zusammenstimmung, des fehlenden Gegensatzes.«

»Zusammenstimmung wird offenbar schlecht erinnert. Diese begeisternde Analogie zwischen der Weltgeschichte und meiner Kleinfamiliengeschichte,« sagt die Tochter, »Kleinfamiliengeschichtserinnerung.«

Die Tochter, wenn sie die eigene Stimme verabscheut, die unterm Druck desperater Katastrophenvoraussicht wie zugeschraubt klingt, hört in dieser eigenen das Echo, manchmal, der Mutterstimme.

»Nicht *der* Mutterstimme, ich will *einer* sagen, *einer* Mutterstimme.«

In dem zugeschraubten Ton aber, den sie an sich selber nicht ausstehen könne, sagt die Tochter, habe die Mutter ja oft zum Vater gesprochen, »und über ihn, vor allem über ihn«.

Im Krankenzimmer des greisen Vaters, man weiß jetzt, er wird hier sterben. Mutter und Tochter beim Packen des nicht mehr Gebrauchten: Kleider, Zeitungen, Bücher, das Radio.

Unten im Auto nimmt die Mutter das Radio in die Hand.

»Das hat er mir mal zum Geburtstag geschenkt.«

Mit einer in jahrelang eingeübter Verbitterung zitternden Stimme. Und weil er zu bequem gewesen sei, sagt die Mutter zur Tochter, zu bequem, in die Stadt zu fahren, wo es Auswahl gegeben hätte, habe er im nächst erreichbaren Laden das erstbeste billige gekauft.

»Er hat sich keine Mühe gegeben«, sagt die Mutter.

»Aber das konnte er nicht«, sagt die Tochter. »Er konnte nicht durch Läden flanieren und erwägen und wählen, er fand darin keine Lust, das war das Steife an ihm, das Ungelenke, Gesellschaftsferne.«

Verblüffung der Tochter angesichts des mütterlichen Ausbruchs aus der Pietätskonvention: »Das muß ich mir aufschreiben. Er liegt da oben wahrscheinlich im Sterben, und sie beweist ihr tadelloses Gedächtnis. Kann der Versuchung nicht widerstehen. Das Nachtragen der in Jahrzehnten chronifizierten Verletztheit. Jetzt sind wir bei Ibsen statt in der Winterreise.«

Der Freundin erzählt die Tochter mit einem Nachdruck, der merkwürdig echauffiert wirkt, das mütterliche Gedächtnis sei also bis zum Tod des Vaters vollkommen intakt gewesen, »bis vor drei Jahren vollkommen intakt! Da hat sie das Gedächtnis gebraucht. Sonst hätt sie ihm das Leben nicht nachtragen können. Dann hat sies nicht mehr gebraucht.«

Die Tochter kann die greise Mutter nicht so einfach ins Schicksal entlassen, ins angeblich allgemeine und angeblich übliche Altersschicksal. Sie muß an einen Möglichkeitsrest von eigenem Willen glauben, an ein, wenn auch schmales, Freiheits-Fenster – »eine Aktivität, eine Wahl, etwas Zurechenbares« – irgendwie müsse in das, was einem zustoße, was Eigenes, Eigensinniges, Selbstbestimmtes noch hineingewoben sein.

»Wenn ich ihr gar nichts mehr soll zurechnen dürfen, dann ist es ja keine Beziehung mehr. Dann ist es eine Betreuung. Dieses entsetzliche Wort.«

Die Tochter hat zwei Seiten aus dem »Wörterbuch des Unmenschen« kopiert und die Kopien an ihre Kühlschranktür geklebt, Stichwort »Betreuung«, die Bedeutung der Vorsilbe »be-«.

»Dieses ›be-‹ gleicht einer Krallenpfote, die das Objekt umgreift und derart erst zu einem eigentlichen und ausschließlichen Objekt macht. Muster und Vorgänger sind: Beherrschen und Betrügen, Beschimpfen und Bespeien, Bestrafen, Benutzen, Beschießen, Bedrücken, auch Belohnen und Beruhigen. In allen diesen Fällen wird das Objekt, eben der Jemand, mindestens zeitweilig des eigenen Willens beraubt oder soll des eigenen Willens beraubt werden oder hat seine Freiheit schon verloren, wie der ›Aufgeregte‹, der darum der ›Beruhigung‹ bedarf, oder seine freie Vernunft wird umgangen und für nichts geachtet wie beim Betrügen oder Benutzen ...«

»Wieder und wieder gelesen«, sagt die Tochter zur Freundin. »Mein Abscheu vor dem Wort ›Betreuung‹ – eingewachsen.«

»Aber du kannst sie ihres Willens nicht berauben, wenn sie keinen mehr haben will. Du willst ihr die Freiheit nehmen, nichts mehr zu wollen.«

»JAAA«, brüllt die Tochter, »aus den Scheißparadoxien kommst du nicht raus, weiß ich doch.«

Nach-Tragen.

Die Tochter trägt sich eine ältere Vaterszene nach.

Wie sie, in liebevoller Vergeltungslaune – »weißt du noch, wie du damals« – neben dem achtzigjährigen Vater im Garten sitzt. Apfelblüte. Der Boskop-Baum. Drunter die Liegestühle. Entspanntheit, Gelächter.

Wie die Tochter da, immer nur scherzend natürlich, wieder einmal die aberwitzig verbissenen Kindheitskräche – »und dann hast du auch noch behauptet« – Zug um Zug in detailbesessener Schilderung vor ihm ausbreiten muß, damit er seinen damaligen Irrsinn, sein großkalibriges Unrecht wenigstens jetzt erkennen, bestaunen kann und verwerfen.

Hat der Vater überhaupt zugehört?

Der Vater lacht.

»Du willst immer alles aufdecken und rausgraben.«

»Ja«, sagt die Tochter, »auch meine eigenen Sauereien. Das ist besonders genußvoll.«

»Ich versteh das nicht«, sagt der Vater und grinst. »Ich mach lieber den Deckel drauf.«

Der Tochter, erzählt diese der Freundin, habe es angesichts der stupenden Intimität des väterlichen Geständnisses die Sprache verschlagen. »Das war ich ja nicht gewohnt von ihm.«

Der greise Vater will die schönen Geschichten,

seine Glücksgeschichten erzählen, und manchmal erzählt er.

Wie er einmal im späten September im Oberengadin vor der Segantini-Hütte gesessen sei, Wein trinkend. Wie ihm plötzlich jemand von hinten die Augen zugehalten habe. Wie es tatsächlich die Tochter gewesen sei, zufällig auch an diesem Tag zur Segantini-Hütte gestiegen. Wie sie in der Hochgebirgssonne miteinander getrunken haben. Und Gedichte aufgesagt. Und gelacht. Und runter auf die Seen geschaut. Wie jeder dann einen anderen Abstieg genommen habe. Der Vater nach Pontresina runter, zur Mutter, die gerade wieder ihr Knie hat. Die Tochter nach Muottas Muragl, wo sich ihr Geliebter, wie der Vater vermutet, inzwischen besoffen habe.

Der greise Vater will nur Geschichten, die man nicht aufdecken muß.

Im Liegestuhl neben dem achtzigjährigen Vater unterm blühenden Boskop-Baum gräbt die Tochter eine Übeltat aus, eigene, die sie früher, viel früher mal am Vater begangen: »Weißt du noch, Fischbach?«

»Ja, Fischbach«, sagt der Vater und lacht.

»Wie wir da im Biergarten sitzen«, sagt die Tochter, ihre Stimme in tiefer Zerknirschung badend, »und du ausnahmsweise mal sechs kleine Helle trinkst, weil der Tag so herrlich ist, und du in die heiterste Laune gerätst, und wir, Mutter und ich, uns in moralischer Entrüstung gegen deine sogenannte Ausschweifung verbünden und dir den Tag versauen.« Es sei ihr, sagt die Tochter, das Allerentsetzlichste, zu denken, daß sie das mal gewesen sei. Der Vater lacht.

»So war ich in meiner verfluchten Kollaboration«, sagt die Tochter zur Freundin, die sie mit ihren Geschichten jetzt vollstopft, »wir haben ihn eingeschnürt, moralisierend, und abgeschnitten von der Leichtigkeit, deren er fähig war.«

Wenn die Mutter nicht dabei gewesen sei, habe es diese Leichtigkeit manchmal gegeben.

»Das waren schöne Tage.«

Der im Wohnstift ansässige Friseurladen zeigt im Schaufenster ein Plakat: »L'Oréal Professionel – Faszination Marron – Glamouröse Brauntöne – So individuell wie Sie.«

Die Tochter, glamourös grausträhnig, trägt, wenn sie heute das mütterliche Appartement betritt, ein demütiges Wiedergutmachungsgesicht. War eine Woche nicht da. Es tut ihr so leid, aber sie hat grad diese Woche … die Mutter wisse ja, wie das sei.

»Aber das weiß ich doch!« Die Mutter in schlackenlos liebender Zuwendung. »Ich will dich doch nicht belasten.«

Lebenslang heroischer Altruismus. Immer die Keule, denkt die Tochter.

»Ich will dich doch nicht belasten.« Oder: »Mach dir um mich keine Sorgen.«

Oder, der furchtbarste Satz von allen: »Jetzt muß ich dir auch noch zur Last fallen.«

Die Tochter, im Gespräch mit der jüngeren Freundin, die ihre greise Mutter so schonend zu den Flamingos führt, setzt mehrmals an, um den Tonfall hinzukriegen – »jetzt muß ich dir auch noch zur Last fallen«, den terroristisch-altruistischen Liebestonfall, »der dir ein frohsinniges Dementi jedesmal abpreßt«.

Das Schreckliche sei, sagt die Tochter, daß die Mutter sie immer nur großartig finde und grundgut, ihren Egozentrismus nicht zu bemerken scheine: keine Ansprüche, keine Kritik. Nur immer Liebe und notfalls – »aber das versteh ich doch, daß du heute nicht kannst« – notfalls Verzicht.

»Du ahnst nicht, wie gut du es hast«, sagt die Tochter zur jüngeren Freundin, da diese, ein wenig klagend, von den Schimpf- und Nörgeltiraden berichtet, mit denen ihre Mutter, hoch in den Achtzigern auch, die treusorgende Tochter regelmäßig bedenke.

»Aber du solltest dich beschenkt fühlen, ich bitte dich. Sonst würdest du das mit den Flamingos im Zoo so grundgütig doch gar nicht hinkriegen.«

»Wir gehen ein bisschen raus.«

Die greise Mutter, den Stock in der Linken, den rechten Arm in den linken Arm der Tochter gehängt. Zum Fahrstuhl.

»Nach Ihnen«, sagt die Tochter zu einer in etwas hellgrün Kittelschürziges gekleideten Etagendame, die mit einer winzigen, im Rollstuhl vornübergesunkenen Greisin unterwegs ist.

»Das sieht man aber gleich, daß das Mutter und Tochter sind«, sagt, über die Maßen herzlich, nachdem sie von der Mutter zur Tochter geblickt hat und von der Tochter wieder zur Mutter, die grüne Dame. Ganz enthusiasmiert von der Sichtbarkeit dieses Abstammungsglücks.

Mit einem vorsichtshalber sehr feinen Lächeln, wie sie es früher auch in der Straßenbahn trug, um eine gewisse Distanz zum Vulgus Profanum zu zeigen, schaut die Mutter fragend zur Tochter hin; hat nämlich ihr Hörgerät im Appartement vergessen. Die Tochter versucht einen ihrer notorisch tiefergelegten Mundwinkel nach oben zu zwingen. Wortlos. Schämt sich der Wortlosigkeit. Muß dringend was Liebes sagen. Also unten im Auto zur Mutter: »Daß du immer so geduldig mein Latein abgehört hast! Und die Aufsätze nachgesehen! Mit deinem Sprachgefühl!«

Die Mutter macht eine Handbewegung, mit der sie, gewohnt, zu verzichten, eine ihr zugesprochene Lobpreisung abzuwehren pflegt. Da muß die Tochter unbedingt noch was rausschinden.

»Gibst du mal zu, wie gut es dir im Grunde geht? Kein Rollstuhl, keine Gehhilfe, keine Inkontinenz, keine Demenz, keine Pflegefalle ...«

»Natürlich, das weiß ich ja«, sagt die Mutter mit deutlichem Eifer, als würde sie durch mangelnden Bestätigungswillen bei der Tochter in Schuld geraten. Ob sie das unausgesprochene »noch« wahrnimmt, das den Befund »keine Demenz« auf die Kippe stellt?

Wie gut es die Mutter im Wohnstift habe, das wunderschöne Appartement, »und vor allem, daß es hier nicht nach Altersheim riecht«, kann die alternde Tochter nicht oft genug hören. Und weil sie gewohnheitsmäßig gejammert hat über die familiären Beschuldigungs- und Selbstbeschuldigungsriten – »diese ganze verdammte Schuldscheiße« –, weil sie gewohnheitsmäßig gejammert hat über die Schuldscheiße, grapscht sie, damit alles immer so weitergeht, mit deutlicher Lust nach jedem vermeintlichen Muttervorwurf, dessen sie habhaft werden kann, um ihn mit hingerissener Zerknirschung so lang zu bestätigen – »ja natürlich, ich hätte zu dir ins Haus ziehen können, aber mein Leben ist mir vorgegangen« undsoweiter –, bis der zur Vorwerferin gestempelten Mutter nichts anderes übrigbleibt, als zu versichern, daß sich Vernünftigeres, Zuträglicheres, Liebevolleres als die Verlegung ihrer Existenz ins Wohnstift nicht denken lasse – »zumal der wunderbar weite Westblick«, pflegt die Tochter hier einzuflechten, worauf die Mutter anhebt, von Sonnenuntergängen zu schwärmen, wie sie sie früher noch nie – »unglaubliche Sonnenuntergänge«…

»Außer vielleicht am Meer«, wirft die Tochter hier bremsend ein, da die gemeinsame Feier der Wohnstiftwonnen ins Parodistische treibt.

»Das Hilton unter den Altenheimen«, sagt der Nachbar, als er vom Domizil der Mutter erfährt. Ein wenig überrascht vielleicht, weil hinter Erscheinung und Gebaren der Tochter soviel Wohlstand nicht zu vermuten ist. Die Tochter hats nötig, ihr Staunen gelegentlich zu erneuern.

»Unglaublich, daß wir das zahlen können.« Die mütterliche Rente deckt knapp die Hälfte der Kosten. Die freischwebende Tochter verdient grad für sich selber genug, und schwankend.

»Da kannst du ruhig hundert werden«, hat die Tochter zur Mutter gesagt, vor deren Umzug die elterlichen Ersparnisse überschlagend. Sie versucht sich vorzustellen, was sie ohne diese Ersparnisse tun müßte, ihr ganzes Leben, Restleben um die greise Mutter herum arrangieren. »Stell dir vor, von morgens bis abends, jeden Tag…« Der Ton, in dem sie die Phantasie preisgibt, ist so unerträglich wie diese.

Woher das Gesparte, mit dessen Hilfe man hundert werden kann. Der spät erkannte Segen verhöhnt das Lamento, mit dem sich die Tochter über die ewige Sparsamkeit zu erheben pflegte, übers Haushaltsbuchführen und Preisevergleichen und Einkäufeschleppen, weil im fernen Laden die Äpfel oder Bananen zehn Pfennig billiger sind.

»Mein wohlfeiles Geschwätz über die Lustferne. Hätten sie so gelebt, wies ihrer Tochter gefallen hätte, dann wär die jetzt übel dran!«

Beim Vater.

Weil er nachts gewandert war über die Flure in fremde Zimmer und fremde Betten, liegt der greise Vater in seinem letzten Bett hinter Gittern. Sie wissen nicht, was er eigentlich hat. Seine Unruhe. Immer noch undefinierbares Fieber. Mit nicht mehr zu vermutenden Kräften versucht der Vater sich hochzustemmen. Soll aber liegenbleiben. Die Tochter spricht beruhigend auf ihn ein, will seine verkrampfte Hand vom Gitter lösen, er ist immer noch stärker als sie.

In die Harnröhre des Vaters ist ein Katheter geschoben, der transparente Urinbeutel hängt seitlich am Bett. Die Tochter mit gespannter Aufmerksamkeit für den Urinbeutel. Beobachtet den Zufluß, die Färbung. Das Dunkelwerden der zunehmenden Flüssigkeitsmenge. Schließt aus der Dunkelfärbung auf Blut im Urin und nimmt es als Zeichen einer wirklichen Krankheit zum Tode. Nimmt es erleichtert als Zeichen einer wirklichen Krankheit zum Tode. Als Zeichen des Übergangs von einem undefinierten in einen definierbaren Zustand, der zu enden verspricht, bald.

Bis die Schwester erklärt, Blut sei das nicht. So, vielmehr, sehe konzentrierter Urin eben aus.

Der Vater schwitzt. Der Vater zerrt an der Decke. Der Vater reißt sich das Hemd über der Brust auf.

Die Tochter hat das Fenster geöffnet. Fenster zur Mainacht.

»Wann ich hier wieder rauskomme.« Die Sehnsucht, überfallartig, weit weg zu sein. Sie spürt den kühlen Zug vom Mainachtfenster an ihrem Nacken vorbei zum Bett des Vaters streichen, schweißnassen Vaters.

Er kann sich erkälten. Er kann eine Lungenentzündung kriegen. Die Tochter, wie von ungefähr agitiert. Eine Romanszene fällt ihr ein. Gabriele d'Annunzio, »Der Unschuldige«.

Wie der Gatte, von Sinnen vor Eifersucht, den vom Geliebten der Gattin gezeugten Säugling ins offene Fenster legt, damit der Eiswind ihn töte.

Den verheißenden Zug im Nacken, sitzt die Tochter vorm offenen Fenster.

»Meinst du, er sagt guten Morgen? Geht grußlos ins Bad, kommt grußlos wieder raus.«

In den letzten Jahren vor seinem Tod war der Vater ziemlich schwierig gewesen. Anders schwierig als früher.

Der Vater sei ja aber immer schwierig gewesen, hatte die Tochter der Mutter gesagt, als das Andersschwierigwerden des Vaters von Tag zu Tag dramatischer wurde, und die Mutter – »ich halte das nicht mehr aus« – klagte und klagte. »Ich hab mir mein Alter auch anders vorgestellt.«

Im Alter, hatte die überkluge Tochter zur greisen Mutter abwiegelnd gesagt, verschärften sich ja bekanntlich die stets schon hervorgetretenen Züge. Das alte Gesicht sei nichts als Rückblende, hatte die Tochter kopfnickend in irgendeinem Klassiker übers Alter gelesen.

»Du kennst ihn doch jetzt seit sechzig Jahren.«

Die Tochter redet, als müßt sich die Mutter längst an alles gewöhnt haben, seit der Vater schlecht vorbereitet in die Ehe gekommen war, nämlich 1937 mit nur ganz wenigen Unterhosen: wieder und wieder von ihr erinnert. »Drei oder vier Unterhosen, stell dir das vor, vorbereitet hat er sich nicht im geringsten.«

Die halbwüchsige Tochter hatte sich ausgemalt, wie unerhört das gewesen sein mußte, mit diesen wenigen Unterhosen. Und das war ja klar, daß jede Mitteilung dieser Art den Entrüstungspakt nur bestätigen konnte, der zwischen Mutter und Tochter ziemlich lange bestanden hat. Bis sich spät ein ganz eigenes Verhältnis zwischen Vater und Tochter über den bitteren Blick der Mutter hin schwingen konnte.

Was die Mutter aber viel mehr noch am Vater vermißt habe, als den vorausschauenden vorehelichen Wäschekauf, erzählt die Tochter, das sei die Schubert-SchumannBrahms-mäßige Zuwendungsstimmung gewesen. Wenn, wie es bei Eichendorff/Schumann heiße und wie es die Mutter so oft gesungen habe, seine Seele fähig gewesen sein sollte, ihre Flügel weit auszuspannen, was bei seiner passionierten Musikalität nicht anders gewesen sein könne, so sei er nicht imstand gewesen, die Seelenflügelausgespanntheit in die eheliche Beziehung einwandern zu lassen.

»Oder ganz selten nur«, sagt die Tochter der Freundin. Ihre Phantasie reiche nicht aus, sich vorzustellen, wie sich Mutterkörper und Vaterkörper einander zugeneigt hätten. Sie erinnere sich an einen Semesterferienbesuch, stolze Frühzeit der sogenannten sexuellen Befreiung, da sie beim Gutenachtsagen mit lässig hin inszeniertem Bedauern angemerkt habe, sie ziehe sich nun also zum erquickenden Einzelschlaf zurück, worauf die Mutter, zartest verschämte Neugier, gefragt habe, ob denn die Tochter jetzt lieber nicht einzeln schlafe.

Die Chance zu einer Gegenerkundung habe sie ungenutzt verstreichen lassen.

Und während sie heut die elterlichen Liebesdefizite beklage, habe sie als Kind noch jeden auch nur gehauchten Vorschein eines möglichen Aneinanderrührens der Körper mit Argwohn betrachtet. Sie erinnere sich, wie der Vater der Mutter einmal (einmal?) den Arm um die Schultern gelegt habe beim herzinnig gemeinsamen Hören einer im Radio übertragenen Schallplattenaufnahme von »La Bohème«, die sich wegen des auffallenden Mitbrummens des Dirigenten Toscanini im Gedächtnis behaupte, während, na ja, die Mimi der Sängerin Licia Albanese – die Callas-verfallene Tochter zwingt sich zum Verzicht auf die naheliegende gesangskritische Abschweifung –, also die ungewohnte Zärtlichkeitsgeste des Vaters bei »La Bohème«, sagt die Tochter, habe sie damals argwöhnen lassen, es handele sich um das Vorspiel zu einer späten Kindeszeugung.

»Ein Gedanke, der mir greulich erschien, greulich natürlich im Maß der alten Rechtschreibung«, sagt die Tochter.

Was nun also die Seelenflügelausgespanntheit angehe, so habe der Vater, wenn man von dem Vorfall bei der Toscanini-Bohème einmal absehe, die Seelenflügelausgespanntheit am liebsten mit sich allein ausgemacht – »je älter er wurde, desto lieber mit sich allein, unerreichbar unter den Kopfhörern«, sagt die Tochter, welche die Mutter zunehmend gehaßt habe, »seine ewigen Kopfhörer«. Daß also das morgendliche Schweigen des Greises durchaus noch Stoff aus dem alten Entrüstungsdepot sei, hatte die Tochter der greisen Mutter einreden wollen, »so war er doch immer«, während die Mutter darauf hatte beharren müssen, daß es mit Hinweisen auf das Immer-so-gewesen-sein jetzt keinesfalls mehr getan sei. Vielmehr hatte sie der Tochter neuesten Stoff präsentiert, schrecklichen Stoff. Daß der Vater, rasend vor Angst-Wut, sie an der Tür erwarte, wenn sie einmal, selten genug, um Mitternacht aus dem Theater komme. Daß er ruhelos durchs Haus wandere, um alle Türen abzuschließen, »und nicht nur einmal am Tag, das kann ich dir sagen«. Daß er sich mal in den dreißiger, mal in den fünfziger Jahren wähne, daß er mitten in der Nacht an ihr Bett trete, »komplett angezogen, stell dir das vor«, und umgehend frühstücken wolle.

Daß die Polizei neulich, das wisse die Tochter, den ganzen Wald nach ihm habe absuchen müssen, und daß sie es jedenfalls – »dann müssen wir ein Heim für ihn suchen« – jedenfalls nicht mehr aushalte.

Das bis dahin tabuisierte Wort »Heim« von der Tochter erstmals hervorgestoßen.

Und die Mutter: »Wenn es jetzt Alzheimer ist. Es muß Alzheimer sein.«

Die Mutter, dem Gedanken an den entsetzlichsten aller Schicksalsschläge schon lang in Panik verfallen, mit einer Stimme, als würde der Vater ihr nun das Allerletzte noch zufügen wollen – »ich hab mir mein Alter auch anders vorgestellt«.

»Aber da kann er nun nix mehr dafür«, hatte, ex

cathedra, die bescheidwissende Tochter diesmal befunden, und später – »dieses hochgradig bescheuerte Räsonnieren« – später zur Freundin über dieses hochgradig bescheuerte Räsonnieren geklagt, dem sie selber immer wieder erliege. »Wofür er was kann, wofür er vielleicht was kann, wofür er grad eben noch bißchen was kann, wofür er noch nie was konnte – schon wieder dieses ganze Theater ums Zurechnen, Abrechnen, Rauf- und Runterrechnen«, als könnte man je, sagt die Tochter zur Freundin wie zu sich selber, die Schwelle bestimmen, an welcher das eine ins andere hinübergleite, das Dafürkönnen ins Nixdafürkönnen, der selbstverschuldete Schwachsinn in die schicksalhafte Demenz – »und wenn du an den Stammbaumterror noch denkst, der das arme, zu vorgeblicher Freiheit verdammte Haupt mit Millionen längst abgenagter Menschenschädel in eine Retro-Fusion zwingt«.

Die alternde Tochter, die eigenen Aussichten wägend, liest jetzt viel über Genforschung. Hirnforschung. Demenzforschung. Liest Greisenliteratur. Verdunklungsgeschichten. Alzheimerbiographien. Streicht Stellen an, setzt Ausrufezeichen und Fragezeichen an den Rand. Michael Ignatieffs Obsession mit den Genen, da er die letzte Zeit, Alzheimerzeit seiner Mutter schildert: mindestens drei weibliche Vorfahren von der Krankheit befallen. Die Vorstellung vom Schicksal besetzt seine Phantasie. Er überschlägt seine Chancen.

»Wenn ich mir das Schicksal vorzustellen versuche,

sehe ich es wie eine Gewehrkugel. Sie nimmt ihren Weg, aus einer Nebelkammer durch die Leiber der Vorfahren, tritt sprühend aus und nähert sich dem gespannten Schutzschild unserer Haut. Dank der Genforschung können wir die Kugel kommen sehen und den Zeitpunkt ihres Auftreffens ebenso abschätzen wie die Schneise, die sie in unsere Eingeweide schlagen wird. Wir können sogar das Sprühmuster bei ihrem Austritt berechnen. Nur ausweichen können wir ihr nicht.«

Die Leiber der Vorfahren

Die Tochter, während der Text ihren fatalistischen Pessimismus bedient, erinnert sich der Verdachtsbereitschaft, mit der sie früher auf die Explikation genetischer Dispositionen zu reagieren pflegte – der linksidealistische common sense: Es durfte allein die Umwelt sein, das Milieu, die Gesellschaft. Das Beeinflußbare. Erwache und lache.

Bei der Cousine hat es mit Ende fünfzig angefangen. Wieviel genetische Disposition teilt die Tochter mit der Cousine? Die Ende-Fünfzig-Schwelle hat sie hinter sich. Und fragt sich, ob die halbe Flasche Wein pro Tag ausreicht, wenn man nicht neunzig werden will. Ist frohgemut entsetzt, da die Ärztin ihr mitteilt, daß die Leber intakt sei. »Die Leber intakt! Wie schön. Wie schrecklich. Man muß noch ein paar Gin Tonics draufsetzen wahrscheinlich.«

»Das rettet nicht immer«, sagt die Freundin, »denk an Queen Mom.«

Besuch bei der greisen Mutter. Freude. Umarmung. Mutterliebe. Tochterliebe. Hand in Hand. Kuß. Gegenkuß. Rosenstrauß.

Und das Appartement ist kalt. Kälteeinbruch im Hochsommer.

»Warum drehst du die Heizung nicht an?«

»Die heizen doch nicht im Sommer.«

»Ja hast du die Heizung mal aufgedreht?«

Die Mutter schweigt. Die Tochter, bemüht, ihre Stimme zu kontrollieren: »Du verschanzt dich in Passivität. Du läßt alles einfach geschehen. Dir ist alles egal.«

Die Mutter schweigt. Die Tochter dreht die Heizung an, die sich umgehend erwärmt.

»Und wenn sie wirklich nicht heizen würden, müßtest du dich beschweren. Du hast doch Rechte. Du bezahlst hier viel Geld.«

Die Mutter schweigt.

»Oder wenigstens mich anrufen. Überhaupt rufst du mich nie an. Auch sonst niemanden. Warum nicht? Da steht das Telefon!«

Die Mutter seufzt und schweigt.

»Warum rufst du nie jemanden an?«

»Ja, ich weiß eigentlich auch nicht«, sagt die Mutter.

Auf dem Tisch liegt ein Zettel. »Morgen kommt der

Fensterputzer«, hat die Mutter draufgeschrieben, ihre Schrift wird ungelenk.

»Wann ist ›morgen‹? Wann hast du das geschrieben?«

»Das weiß ich jetzt nicht mehr.«

»Aber warum schreibst dus nicht gleich in den Kalender? Ich hab dir schon so oft gesagt« – die Tochter mit ihrer panischen Gouvernantenstimme. Sie spürt, wie sichs in ihr zusammenballt. Kann nicht durchatmen. Dieser Klumpen aus Schmerz und Wut und Selbsthaß. Und der Gesichtskrampf. Sie sieht jetzt aus, wie ihr Vater manchmal aussah, und weiß es.

»Ach«, sagt die Mutter, indem sie, so unschuldsvoll absichtslos wie je, die panisch verklumpte Tochter in deren Erbärmlichkeit bloßstellt, »ach, wenn man nur abtreten könnte. Es wird Zeit, abzutreten.«

»Sie kastriert meine Wut und steigert sie«, sagt die Tochter zur Freundin.

»Ihre Passivität macht mich wahnsinnig! Weil sie vor lauter Passivität den Grund für ihre Passivität nicht zu erkennen vermag«, sagt die Tochter. Die Mutter werde nie mehr begreifen, welche Rolle der Vater in ihrem Leben wirklich gespielt habe. Erst postum sei der Vater, indem die Mutter ihn fast vergessen habe, in seiner übermächtigen Rolle, oder solle sie lieber ›Funktion‹ sagen, wahrhaft hervorgetreten, »aggressive Zuwendung und zugewandte Entrüstung und enttäuschte Liebe und sorgenvolle Attacke und empörte Betreuung und treueste

Verbitterung – alles für ihn – treueste Verbitterung!«, sagt die Tochter, »treueste Verbitterung! Verbitterung als das wahre Elixier! Die vitalisierende Kraft der Verbitterung«, sagt die Tochter, »unglaublich.«

Auf den Stufen vorm Portal des Krankenhauses sitzt die Tochter des greisen Vaters früh morgens halb fünf.

Frische Luft. Raus hier und weg hier. Das Leben.

Ein Zeitungswagen stoppt, der Fahrer steigt aus, nimmt ein Bündel Zeitungen aus dem Laderaum, schnürt es auf, reicht ein Exemplar zu der Sitzenden hin. »Schenk ich Ihnen. Haben Sie da oben jemand, der stirbt?«

Woher weiß der das.

»Ja, vielleicht stirbt er.«

Später wieder oben, die Tochter am Bett des Vaters, die frische Zeitung.

Bericht von einem Prozeß gegen eine Krankenschwester. Fünf Jahre wegen Totschlags, weil sie eine 85 Jahre alte Krebspatientin mit Schlafmitteln zum Tode befördert hat. Als strafverschärfend sei angesehen worden, daß sie es nicht aus Mitleid getan habe.

»Nicht aus Mitleid – wahrscheinlich aus Eigenleid«, flüstert die Tochter, indem sie auf das im Schlaf grimassierende Gesicht des Vaters blickt. »Eigenleid ist kein mildernder Umstand, wegen der Nähe zur Eigenliebe.«

Mutter und Tochter auf dem Krankenhausflur auf und ab.

»Womöglich trickst er uns aus«, sagt die Tochter, und auf den fragenden Blick der Mutter: »Womöglich haben wir die Suche nach dem Heim zu früh aufgegeben.«

Die Mutter, ungläubig erschrocken: »Du meinst, er wird wieder gesund?«

Darf nicht denken, was sie denken will, aber denkts.

Die Tochter hofft auf die List der väterlichen Demenz: daß er sich am offenen Schlund des Pflegeheims vorbei und davon schleichen möge.

Dreieinhalb Jahre nach Kriegsende. Dezember 48. Ob die Tochter die Szene erinnert oder ob sie nur die wiederkehrende Erzählung der Mutter erinnert?

Nicht zu sagen.

Zufällig aus dem Fenster schauend, habe die Großmutter gerufen, es komme da wieder so ein armseliger Heimkehrer die Straße hoch. Sekunden später habe die Großmutter aufgeschrien.

Die Tochter, siebenjährige Tochter, habe dem heimgekehrten, frisch gebadeten Vater zuerst ihre Lesekünste gezeigt, aus Andersens Märchen vorgelesen, »Des Kaisers neue Kleider«. Einer der Glücksmomente des Vaters.

Inständig hatte die erwachsene Tochter nach einer Erinnerung gesucht, die ihr verriete, wer wo geschlafen habe damals. Ob sie und wie sie aus dem Mutterzimmer ausquartiert worden sei. Ob sie geweint habe. Diese Lebensstelle sei, erzählt die Tochter, ganz im Finstern geblieben. »Die Mutter hat immer behauptet, sich nicht im mindesten erinnern zu können«, sagt die Tochter.

Während andererseits die Mutter niemals vergessen habe, daß der Vater einen Band der Rilke-Ausgabe – Insel 1938, Halbleder, grün – mit in den Krieg genommen, aber nicht mehr, leider nicht mehr, erwartungsgemäß nicht mehr zurückgebracht habe. »Woran in Augenblicken der Verbitterung erinnert werden mußte.«

Der Vater, fiebernd, im Zwischenreich.

Redet und spricht und redet und spricht. Nicht mehr im Wachbewußtsein, noch nicht im Delirium. Die Artikulation verwischt, sie haben ihm das Gebiß entfernt. Die Tochter versteht einzelne Satzbrocken, Wörter. Daß ja leider alles nicht so gelaufen sei. Habe er die Tochter gehauen?

Während sie überschwenglich verneint, erinnert sie sich an einziges Mal: wie der Vater ihr den Handrücken wüst durchs Gesicht zieht, wie das erste Nasenbluten ihres Lebens sich einstellt. Das empörte Entsetzen der Mutter. Die Tochter hat immer weiter, trotz Abmahnung weiter auf der Geige gekratzt, während der Vater doch Nachrichten hören muß, dringend. »Manchmal viermal an einem Abend hat er Nachrichten hören müssen«, sagt die Tochter, »immer wieder dieselben Nachrichten.«

Der Nachrichten hörende Vater am Abendbrottisch – »ruhig jetzt mal!« –, wie er im Kauen innehält, den Kopf mit angestrengter Lauschmiene in die Richtung des Radios geneigt, genau wie die Tochter jetzt dasitzt, in gespannter Hinwendung, das Gesicht mit einem Ausdruck wachsamen Lauschens zum greisen Vater geneigt, indessen eine endlose Wörterkette nahezu unentziffert im Raum verfliegt.

Sie sei, erzählt die Tochter der Freundin, in eine Art Panik des Versäumens geraten, das Bewußtsein, daß ihr nun uneinholbar alles verloren gehe, was sie unbedingt noch hätte erfahren müssen, »das Entscheidende, etwas, das alles erklärt hätte, etwas geheim Gebliebenes, etwas Beschwiegenes«, sagt die Tochter, etwas, das er früher zurückgehalten habe, jetzt mitteilen wolle, das in ihm An- und Aufgestaute, das sich jetzt Bahn breche und das ihr, wenn sie es denn entziffern könnte, offenbart hätte, warum es war, wie es war.«

»Ach du«, sagt die Freundin, »mit deiner Ableitungs-, Kausalitätsobsession. Warum kannst dus nicht lassen, im Unbestimmten.«

»Auf wen drischst du ein?«

Der Vater schweigt. Drischt weiter mit dem Stock die Sträucher und hohen Gräser am Wegrand. Das Dreschen hat der leidenschaftlich wandernde Vater als Greis erst sich angewöhnt. Die Tochter spürt eine verzweifelte Wut, über die er nichts sagen kann.

Nichts sagen kann.

Sie hört die bedeutungsvoll raunende Stimme des Vaters wieder, wie er – sehr lange her – die Antwort zitiert, die Tristan dem König Marke gibt, der nicht versteht, was geschehen ist: »O König, das kann ich dir nicht sagen; und was du frägst, das kannst du nie erfahren…«

Die Tochter, während sie die Stimme des Vaters im Ohr und die hochgezogenen Brauen vor Augen hat, weiß nicht mehr, wann und warum der Vater das Tristan-Zitat vor sich hertrug.

Manchmal, wenn die Tochter, die ja, verdammt noch mal, alles erfahren will, den alten Vater unverhofft auf der Straße trifft, ohne von ihm gesehen zu werden, bestaunt sie die Mißgelauntheit, Unlust in seinem angespannten Gesicht.

Unlust, sagt die Tochter zur Freundin, da sie ihr von diesem Vatergesicht erzählt, Unlust, die sie daran erinnert habe, wie Rilke die alternde Duse beschreibe: »Es geht eine Unlust, da zu sein, in gewissen Momenten von ihr aus, daß den Dingen um sie herum gleichsam die Zähne ausfallen.« Obwohl, das gebe sie zu, die Analogie zwischen der alternden Duse und ihrem Vater ein wenig, na ja, ziemlich gewagt sei: das Bild verfolge sie, wenn sie ans Greisengesicht des Vaters denke.

Einmal, nicht lange vor seinem Tod, bringt die Tochter den Vater zu einem wenn auch ganz kargen Aussprechen, in einem Restaurant, bei Forelle und einem badischen Riesling. Daß sie – sie! – ihn nicht wirklich ernst nähmen, sagt der Vater. Sie.

Das Zusammenleben der Greise im Haus. Die Mutter. Der Vater. Der Mutter-Bruder. Das Haus stammt von der Mutterfamilie ab. Wenn sich, zu Geburtstagen etwa, Familie anlagert bis in Enkelverzweigungen, ist es Mutterfamilie. Der Vater liebt es, nach einer Anstandsfrist, die meistens so lang wie das Essen dauert, sich zurückzuziehen. Weg von der Gesellschaft. Zum Buch oder unter die Kopfhörer.

»Aber so war er doch immer.«

»MEINST DU, ER WÄR ANDERS GEWESEN ohne den Krieg?«

Die Tochter mit der greisen Mutter im Auto.

Die Mutter schweigt. Hat sie zugehört? Hat sie das Hörgerät drin?

Das Hörgerät funktioniert sowieso nicht mehr richtig.

»Wie war er eigentlich vor dem Krieg?«

»Du weißt doch, mein Gedächtnis, ich hab doch kein Gedächtnis mehr. Das ist schlimm, kann ich dir sagen, wenn man kein Gedächtnis mehr hat.«

Heut sagt es die Mutter, und daß sie am liebsten abtreten würde, noch häufiger als sonst. Die Tochter, statt die gegenwärtige Not wahrzunehmen, fühlt sich an früher erinnert, an das notorische Seufzen, sagt in einem ihrer sinnlosen Anfälle sarkastischen Äffens: »Bei uns war überhaupt immer alles schlimm.« Da hat die Mutter, ganz unerwartet, die Energie zu einem Protest: »Das stimmt überhaupt nicht, daß bei uns immer alles schlimm war.«

Immer wieder, sagt die Tochter zur jüngeren, zur Flamingo-Freundin, erliege sie dem Impuls, ihre Mutter in sowas wie eine Bilanz zu treiben. »Sie soll dem ganzen vermaledeiten Familienglück endlich mal auf den Grund gehen, auf die Gründe, aber sie kanns doch nicht. Ich führ mich auf, als müßt ich in letzter Minute ne Therapie mit ihr machen, absurd.«

»Du willst dir die Deutungshoheit anmaßen«, sagt die Freundin, »als wärs nicht *ihr* Leben.«

»Ist aber auch meins, verdammt.«

Die Tochter erinnert sich an ein Muttergesicht. Und ans Fragment eines Satzes, das diesem Muttergesicht zugeteilt ist: »Das würde mein Bruder nie.«

Das Satzfragment steht in der Luft, lautlos, sticht in den Raum, wann immer ein Verbitterungsschub die Mutter und ihren Körper mitnimmt. Das würde der Bruder nie. Das könnte der Bruder nie. Der Bruder könnte nie tun oder sagen, was der Vater gerade sagt oder tut. Ihr antut. Der wunderbare Bruder. Der wunderbare Onkel.

Der wunderbare Onkel ist nach dem Krieg früher wieder da als der Vater.

Der wunderbare Onkel war nicht in Gefangenschaft bei den Russen, der wunderbare Onkel war in Gefangenschaft bei den Deutschen. Im Zuchthaus zuerst. Später im Konzentrationslager.

»Er war der Besondere. Der Glanz, der auf uns fiel. Und gleich meine große Liebe. Als der Vater zurückkam, da hatt ich schon einen.«

Später dann eine Art politisch-moralischer Höhenrausch. Sie habe sich dem exklusiven Onkel auf die Schultern gestellt. Umso mehr habe sie ihn verehrt, als ihm jede Neigung gefehlt habe, sich mit seiner Geschichte zu schmücken, »während ich, schon als Zwölf-, Dreizehnjährige, glaub ich, seine Geschichte immer mit mir herumtrug«, sagt die Tochter, für sie sei es eine Art Orden gewesen in der verachteten deutschen Restauration, »ich fürchte, ich war so ne Art Frühinkarnation des Typus Lea Rosh, sonst könnt mich der Triumphalismus der heutigen Mahnmals-Couture gar nicht so reizen. Ein Wiedererkennen wahrscheinlich«.

Jedenfalls, sagt die Tochter, seien ihre Mutter und sie in der Idealisierung des Onkels vollkommen einig gewesen. »Wie hätte mein Vater gegen ihn aufkommen können.«

Verglichen mit ihrem Interesse an der Geschichte des Onkels sei ihr Interesse an der väterlichen Ostfront marginal gewesen. »Nein, marginal ist zu drastisch gesagt, aber mittelmäßig. Mittelmäßig ist für meine Art des Interesses genau das richtige Wort«, sagt die Tochter, merkwürdigerweise nicht mal eine deutsche Schuldinteressantheit, Schuldspekulation habe sie seiner Ostfront abgewonnen, »auch nicht zur Hoch-Zeit meiner Verdachtsbereitschaft und Grabungssenergie, was mich jetzt wundert«.

Die Tochter wundert sich, daß ihr Sich-Wundern so spät kommt. Offenbar habe sie einem SPD-wählenden Vater nicht mißtrauen können. Offenbar habe die Aura der Unangreifbarkeit, die vom wunderbaren Onkel abstrahlte, auf ihn übergegriffen, sagt die Tochter. »Unangreifbarkeit – übergegriffen. Die Sprache, die für dich denkt. Und springt.«

Abends beim Radiohören in den fünfziger Jahren. VaterMutterTochter.

Übertragungen aus dem Bundestag, die großen Debatten über die Wiederbewaffnung. Der Vater schwärmt für Fritz Erler und Carlo Schmid.

»Da durfte ich aufbleiben. Manchmal sitzen wir da bis spät abends, empörungsbereit, vereint in Leidenschaft gegen diese schreckliche CDU.«

Wenige Wochen, bevor der Vater in sein unbestimmtes Fieber entkommt, besucht die Tochter DIE Ausstellung. Vor den Schautafeln in gebückter Haltung, die Augen nah an den Fotos, konzentriert auf Gesichter, die Gesichter der Soldaten, die Gesichter der Gehenkten. Der 22jährige Enkel des greisen Vaters fragt, ob die Tochter sich vorstellen könne, hier irgendwo den Opa zu erkennen.

»Aber nein«, sagt die Tochter.

»Warum eigentlich nicht«, sagt die Tochter.

Die Tochter bemerkt, daß sie keine Ahnung hat, was sie sich vom Vater vorstellen kann oder will.

Dem wunderbaren Onkel, greisen Onkel, wagt sie nach dem Tod des Vaters zu sagen, daß sie jetzt über sich selber staune, weil sie nie auf die Idee gekommen sei, den Vater zu verdächtigen.

Der wunderbare Onkel – »dabei hätte er doch ER zum Mißtrauen allen Grund« – findet die Tochter abgeschmackt. Er hat am Vater nie den geringsten Zweifel gehabt. Er weiß, daß der Vater den Krieg auf die anständigst mögliche Weise bestanden hat. Woher weiß er das. Er hat ein Gefühl?

Die Tochter weiß nicht, ob der Vater gewußt hat, was der Onkel von ihm zu wissen glaubt. Sie erinnert sich an gemeinsame Mahlzeiten mit den drei Alten, an des Vaters Verkrampftheit, während sie selber mit dem Onkel politische Diskussionen führt. Sie selber und der Onkel routiniert, in Anspielungen einander verstehend. Der Vater mit ungelenken Sätzen, die Tochter immer auf dem Sprung, ihm die Sätze präzisierend aus dem Mund zu nehmen. Die Mutter dazwischen. Der Vater, sobald die Teller leer sind, räumt ab und verzieht sich in die Küche zum Spülen.

»Das hat er sich als Greis angewöhnt. Ich kann mich nicht erinnern, daß er früher je abgeräumt und gespült hätte. Offenbar wollte er den Gesprächen entkommen.«

Die greise Mutter bemängelt am Spülen des greisen Vaters, daß er die Unterseiten der Teller zu behandeln vergißt, die Brühe nicht wechselt und nicht genügend mit Frischwasser nachspült. Beim Räumen des verlassenen Hauses bemerkt die Tochter angeschmutzte Fettschichten am Geschirr. Die Reste vom Vater.

Sie hat die greisen Mahlzeiten, das Dazwischensitzen der Mutter vor Augen, stellt sich die junge Mutter im Krieg vor, in ihrer gespaltenen Angst. Gezwungen, die Katastrophenphantasie auf zwei verschiedene Orte zu richten. »So disparat und so zusammengehörig«, sagt die Tochter.

»Der Buchenwald-Bruder. Der Rußland-Mann. Wehrmachts-Mann. Wie komm ich dazu, ihr die Angstobsession nachzutragen.«

Am Bett des Vaters.

Wie die Tochter dasitzt, in gespannter Hinwendung. Sein Kinn. Was für ein Kinn er hat.

»Du hast ein Kinn wie Swjatoslaw Richter.«

Wenn der Vater diesen Anruf noch hören könnte.

Swjatoslaw Richter. Der Pianisten-Heros in den sechziger Jahren. Sein Auftreten so überwältigend wie in den fünfziger Jahren die Ankunft Fischer-Dieskaus. Am Wochenende das große Vergleichen. Richter gegen Arrau, Richter gegen Rubinstein, Richter gegen Horowitz, Richter gegen Kempff, Richter gegen Backhaus. Die Doppeloktaven im zweiten Brahms-Konzert. Der Vater, wie er sprungbereit dasitzt, halboffenen Mundes, die Hand hebt, wenns zu der Stelle kommt. Dann erklärt, warum nur Richter es ganz und gar trifft.

Die Tochter an diesem Sterbebett.

»Weißt du noch, die Doppeloktaven?«

Dasitzend, in gespannter Hinwendung wieder, wachsames Ohr zu den kaum verständlichen Wörtern: die Tochter, wenn sie an die Doppeloktaven denkt, in einem Liebesaufschwung. Noch einmal, zum Abschied, mit dem Vater Swjatoslaw Richter hören. »Wie lang ist das her, daß wir zusammen was gehört haben.«

Plötzlich ein Wort, einziges Wort, das sie klar zu verstehen meint: »Weißrußland.«

Die Tochter, als hätt sie die ganze Zeit nur auf dieses eine gewartet: den nachholenden Blick, letzten enthüllenden Blick in seinen Krieg zu tun, über ihn gebeugt, drängend: »Was war in Weißrußland?« Und nochmal: »Sag mir doch, was war in Weißrußland?«

Worauf der Ausdruck im Gesicht des Vaters in die Nähe eines womöglich ironischen, diesseitigen Grinsens gerät. »Dir trau ich nicht«, sagt der Vater.

»Das hast du nicht etwa nur gut erfunden?« – die Freundin zur aufgeregt erzählenden Tochter, die aber beharrt: Es sei wahr, das habe der Vater – »stell dir vor!« – gesagt: »Dir trau ich nicht.«

Und sie glaube – glaube sich zu erinnern, daß er noch was gesagt habe, etwas wie: »Du willst das verwerten«, oder: »Du willst das verwenden«.

Dieser Erinnerung aber, obwohl der Augenblick nicht weit zurückliege, wolle sie nun tatsächlich mißtrauen: ob der Vater das mit dem Verwerten oder Verwenden tatsächlich gesagt habe – oder ob sie ihm die Worte nachträglich zuschiebe, als Projektion ihrer nicht geheimen Absicht – »also ich weiß es nicht«, sagt die Tochter, »es erzählt sich ein wenig zu glatt«.

Der Enkel erinnert sich an eine Kriegserzählung vom Opa: Da habe sich der Opa einmal mit einem Russen in einem Granattrichter wiedergefunden. Sie hätten zusammen eine Zigarette geraucht, dann sei jeder wieder zu seiner Truppe gegangen.

Die Tochter erinnert sich an eine Kriegserzählung des Vaters: Da habe sich der Vater einmal mit einem Russen in einem Granattrichter wiedergefunden. Da sei es dann nur noch drauf angekommen, wer zuerst schieße.

Es könnte aber auch sein, sagt die Tochter, jetzt heftig zweifelnd, zur Freundin, »es könnte sein, daß er mirs genau so wie seinem Enkel erzählt hat. Und daß ich mich jetzt an meinen Impuls zur sarkastischen Korrektur erinnere.«

Da sie so dringlich sich über ihn gebeugt habe – »was war in Weißrußland?« –, hoffend, im allerletzten Augenblick eine Eröffnung noch zu erleben, einen Blick vielleicht in den Abgrund zu tun – »Vater-Abgrund«, sagt die Tochter nicht ohne Wollust –, da mit einem Mal habe sie erkannt, nämlich an der Art ihres Vorgefühls, daß sie die Botschaft aus einem weißrussischen Abgrund, wenn es ihn denn gäbe, gar nicht so sehr als Last empfunden haben würde. »Vielmehr tatsächlich als

Entlastung, nämlich von der Privatheit und Kontingenz und Banalität der in mein eigenes Leben gewobenen Unglücksfäden«, sagt die Tochter, »der ganze Kleinfamilienkampf und -krampf in die Aura des Jahrhundertgrauens gehoben und also mit historischer Bedeutung geladen, all die Obstipationen und Mundvernähungen und Bitterkeiten und Angstverzerrungen ans große Epochendrama gekettet und damit irgendwie – ja: heroisiert – soll ich tatsächlich ›heroisiert‹ sagen, das gibts doch nicht, daß ich heroisiert sage, aber ich sags, heroisiert und mit den Weihen einer tragischen Notwendigkeit, überindividuellen Notwendigkeit versehen«, sagt die Tochter, sehr damit einverstanden, daß sie sich und ihren späten Aufdeckungstraum, »melodramatisch selbstbezüglichen Aufdeckungstraum«, so gnadenlos durchschaut hat.

Wenn also der unbestimmt fiebernde Vater tatsächlich gesagt haben sollte: »Du willst das verwerten«, so würde er ihr egozentrisch-nutznießerisches Interesse präzise getroffen haben, sagt die Tochter.

Der Vater, wie er in Weißrußland gewesen ist, ist ein unerkannter Vater geblieben.

TOCHTER UND VATER. Dem Ende zu.

Sie feuchtet seinen Mund, das Innere des Mundes mit einem Wattestäbchen. Das Eindringen in den wehrlosen, nicht mehr verbarrikadierten Körper des Vaters. Der Reiz inzestuöser Berührung, wie er sie streift.

Einzelne Wörter nicht mehr zu unterscheiden. Nur Lautgebärden. Das Zischen. Das Stöhnen. Das Wimmern. Das Brummen. Das Schreien. Das Summen.

Ganz vergangen ist der Tochter die Furcht, er stürbe nun doch nicht. Unaufhörlich, in offenbar höchster Erregung, fahren Arme und Hände des Vaters durch die Luft. Er greift. Er schlägt. Er spaltet. Winkt ab. Winkt herbei. Boxt. Und ficht. Er reißt etwas ein. Er reißt etwas weg. Er zieht etwas weg. Er wischt etwas ab. Er schirmt die Augen gegen ein blendendes Licht. Er deutet. Er zeigt. Er droht. Er schüttelt die Faust. Er schüttelt die Fäuste. Er schüttelt ab. Er schmettert ab. Er wirft zurück. Er schützt sein Gesicht. Er hält etwas fest. Er läßt etwas los. Er fühlt etwas an.

Tage und Nächte.

Sie habe nicht Wörter genug, sagt die Tochter, die Wandlungen des Ausdrucks zu fassen, im Bruchteil von Sekunden habe der Ausdruck gewechselt, vom Grauen zum Lächeln, vom Schrecken zur Wehmut, vom Drohen zum Grinsen – »und so viele Nuancen des Grauens und so viele Nuancen des Grinsens«, sie habe staunen müssen, wieviele Mienenspiele unter seiner Oberfläche sich in Bereitschaft gehalten hätten. Sie hätte in seinen Kopf kriechen, hinter seiner Stirn sitzen, durch sein Auge auf die Gestalten, Erscheinungen, Schimären blicken mögen, all die letzten Auftritte, die sein Gesicht gespiegelt habe. Eine lange Weile sei sie ihm sehr nah gewesen, in Neugier, in Verzauberung, »und so was wie reuiger Liebe, ja, reuiger Liebe«, sagt die Tochter.

Aber weder Neugier und Verzauberung noch reuige Liebe und liebevolles Ihm-Zusprechen seien stundenlang zu halten, durchzuhalten gewesen.

»Enttäuscht von dir selber bemerkst du, wie du auch stumpf wirst, wie schnell du dich gewöhnen und kalt werden kannst«, sagt die Tochter der Freundin. Allmählich, da es so endlos lang gedauert habe, hätten sich die Gesten entleert, das Handhalten und das Streicheln, und auch aus dem liebevollen Geflüster sei etwas bloß Zitiertes geworden. »Ich hab mich, wenn mir mein Erkalten unheimlich wurde, um einen neuen Liebesanfall geradezu bemüht«, sagt die Tochter, und zu ihrer Erleichterung sei die Liebe dann wirklich immer wieder zurückgekehrt, allerdings ohne die lautlose Stimme zum Verstummen zu bringen, die den Vater inständig habe bitten müssen, doch wirklich jetzt bald zu sterben, »bitte bald zu sterben und mich wieder rauszulassen aus diesem Zimmer«, sagt die Tochter.

Die Kältephasen, natürlich, seien nicht leer dahingegangen. Ein ganzes Heft habe sie vollgeschrieben über sich und den delirierenden Mann da in seinem letzten Lebensfilm.

Du willst das verwerten.

Ich will das verwerten.

Meine Liebe. Meine Liebste. Meine Geliebte.

Beim Ausräumen des verlassenen Hauses findet die Tochter ein Bündel Briefe und Karten, vorwiegend Karten. Bündel, mit einer weißen Kordel verschnürt.

Mutterschrift. Vaterschrift. Kinderschrift.

1946. 47. 48.

Karten aus dem Kriegsgefangenenlager 7444/UdSSR in die amerikanisch besetzte Zone. Karten aus der amerikanisch besetzten Zone ins Lager 7444.

Mein Lieber. Mein Liebster. Mein Geliebter.

Innige Küsse. Innigste Küsse.

Kein Jammer. Kein Leidenston. Elastizität und Zuversicht. Sie versuchen einander stark zu machen. Sie versichern einander, daß sie es schaffen werden. Alles klingt nach Befreiung und Hoffnung.

»Hab ich sie denn gekannt?«

Der Vater organisiert Musik- und Theatergruppen im Lager. Die Mutter, für ein Honorar von Reichsmark 150.-, tritt mit SchubertSchumannBrahms auf. Der Vater schreibt, wie sehr es ihn freut.

Wenige Jahre später wird ers nicht ertragen. Verhindern.

Die Tochter mit einem beschämten und einem gierigen Blick: »Diese Spätbeschau einer Liebe, von der ich so wenig gefühlt hab. Sehnsucht, Glückserwartung, durch Trennungsewigkeit, unausdenkbare Ferne stimuliert in unzugängliche Höhen, kann doch nur stürzen«, sagt die Tochter, »konnte doch nur.«

Sie starrt auf ihre Erstklässler-Handschrift.

»Lieber Vati, spielst du dann auch manchmal mit mir Ball? Mutti hat mir einen gebastelt. Gruß und Kuß.«

Der Ball besteht aus Handschuhleder und Sägemehl.

Auf dem Weg vom Wohnstift zum Auto berührt die greise Mutter mit dem Stock eine blaue Blume.

»Weißt du noch, wie die heißt?«

Die Tochter weiß gar nicht mehr, ob sies mal gewußt hat.

»Das ist die Wegwarte«, sagt die Mutter.

»Und schau mal, wie schön da der weiße Hibiskus blüht.«

Die Tochter freut sich. So selten nur sagt die Mutter etwas von sich aus. Im Auto zieht sie mit dem Zeigefinger eine Spur in den Staub auf dem Armaturenbrett.

»Du bist ja nicht angeschnallt. Schnallst du dich bitte an? Der Vater, erinnerst du dich, hat immer den Gurt über der Brust festgehalten, weil ihm das Einstecken zu blöd war. Er hat nicht mehr verstanden, was der Gurt eigentlich soll.« Na ja, sagt die alternde Tochter zur greisen Mutter über den Vater als Greis, »wenns weiter nichts gewesen wäre«.

Die Mutter: »Du weißt doch, mein Gedächtnis. Ich kann mich gar nicht mehr erinnern.«

»Aber du erinnerst dich, daß es den Vater mal gab?«

Die Mutter lacht und lacht.

»Ich hab dir was mitgebracht«, sagt die Tochter, langt auf den Rücksitz und wirft der Mutter ein Bündel Karten in den Schoß. Die Mutter hält das Bündel dicht vor die Augen. Und läßt es sinken.

Die greise Mutter, wie sie in der Tür des Appartements steht und winkt, die rechte Hand überm Kopf langsam hin und her schwingend – jedesmal, wenn die Tochter sie wieder verläßt. Die Tochter, wie sie den Korridor entlanggeht, rückwärts, der Mutter zugewandt, auf der Strecke von zehn Metern winkend, bis sie zum Fahrstuhl kommt, sich, um eine Ecke biegend, zu diesem wendet und, dem Blick der Mutter für Sekunden entschwindend, auf den Fahrstuhlknopf drückt, für die kleine Weile des Wartens wieder winkend ins Blickfeld der winkenden Mutter tritt, die Leuchtanzeige am Fahrstuhl im Auge behaltend und, da der Fahrstuhl anlangt, der Mutter zuruft, daß er jetzt da sei, noch einmal heftiger winkt, dann sich endgültig abwendet, indessen die Mutter immer noch in der Tür steht und winkt.

Dieser elende Augenblick.

»Ich – ich bins jetzt, die sich abwendet, jedesmal abwendet, als wärs die trostlose Parodie meiner Kindheitsobsession«, sagt die Tochter zur Freundin, an dem zeitgeistig inflationären Wort ›Trauma‹ in letzter Sekunde vorbeischrammend, drei, vier quasi Urszenen schleppe sie mit sich, darin ein in Tränen schwimmendes Kind, dem die Mutter, um mit irgendwelchen fremden Leuten zu sprechen, für Augenblicke die Zuwendung habe entziehen müssen. Das schmerzende

Abwendungserlebnis habe sie sich zielsicher wieder und wieder geholt – Beziehungen eingehend, die eine ausreichende Abwendungsfrequenz garantierten, die identitätsstiftende Unglücksmenge.

»Sag ich das im Ernst, ›identitätsstiftend‹?«

Die Mutter steht in der Tür des Appartements und winkt. Die Tochter will wissen, wie lang sie noch so dasteht und will es nicht wissen.

»Wenn ich ihr Dasein im Wohnstift einen ganzen Tag lang beobachten müßte, könnte, ohne doch da zu sein. Ich hab eine Ahnung von allem, was ich sehen müßte, ohne es aushalten zu wollen.«

Die Tochter, in den verspiegelten Aufzug getreten, schaut sich an, wie sie ihrer Zukunft entgegenaltert. Zweifelnd, ob man sie als Besucherin noch erkenne oder sie schon für eine Insassin halte. »Wie mich der Greis da eben gegrüßt hat, so unverschämt kollegial.«

Raus aus dem Aufzug mit einem schuldgesegneten Atemstoß.

Dem Wohnstift – »Wohnstift, wie ironielos ich das mittlerweile aussprechen und hinschreiben kann, Wohn-Stift!, dieser lächerliche Eliten-Euphemismus. Wir sind zu fein für ein Heim.« – dem Wohnstift also den Rücken gekehrt. Zum Parkplatz forciert elastischen Schritts. »Jedesmal wend ich auch mir selber den Rücken, jedesmal mit dieser hoffnungslos jugendlichen Entschlossenheit.«

Zu Haus, in der Zeitung, ein Foto des alten Dichters Jewtuschenko. Die Tochter hat das Bild des jugendlichen Barden im Kopf, wie er vor den Volksmassen – »ich glaub, auf dem Roten Platz« – Babij Jar rezitiert.

»Dieser schüttere Alte. Dein eigenes Alter erkennst du im Gesicht des Menschen, dem du beim Altern nicht hast zusehen können.«

Auf dem Bett sitzend, halb angezogen, die greise Mutter. Bäuchlings auf dem Boden rutschend, sucht die Tochter unterm Bett nach der Brille der kurzsichtigen Mutter, die nicht mehr bemerkt, daß ihr die Brille fehlt. Wie sich die Augen der Tochter durchs Halbdunkel unterm Bett tasten, sieht sie das Kind auf dem Schoß der Mutter im Bunker sitzen. Wundert sich – »ist das nicht komisch?« –, daß sie nicht die leiseste Angsterinnerung mit dem Bunker verbindet. Überhaupt keine Angsterinnerung, die unmittelbar an den Krieg rührt. Als hätte die Angst erst hinterher angefangen. Am Fliegeralarm hängt nur die kitzelnde Lust des dreijährigen Kindes: nachts aufstehen dürfen! Und durch den Feldstecher gucken! Im Bunker hocken, der gegraben ist in die Erde des Gartens, mit GroßmutterGroßvaterMutter im Bunker.

Die Tochter streckt den Arm nach der Brille unterm Bett. Richtet sich auf, putzt die Brille, setzt sie der Mutter wieder auf.

»Danke.«

»Erinnerst du dich an unsern Bunker?«

Die Mutter auf der Bettkante, schweigend. Die Tochter legt ihr plötzlich das Kissen auf den Kopf, schaut sie an, wird von einer Assoziation jäh angeflogen: Verbrechen im Pflegeheim! Tötung durch Ersticken! Nimmt das Kissen schnell wieder runter.

»Weißt du noch, im Bunker? Wie ich auf deinem Schoß sitze, wir haben diese Kissen auf dem Kopf, und du ahmst mit Lippenlauten die Tropfen nach, die aus dem Wasserhahn fallen. Langsam und mit dunklerem Geräusch die großen, schnell und mit hellerem Geräusch die kleinen. Da hatte ich gar keine Angst. Als könntest du mich vollkommen behüten.«

Die Mutter lächelt auf eine Art, daß die Tochter sie umarmen muß. Reuig.

»Sag doch, ob du dich erinnerst.«

»Die Geschichte paßt nicht zu deiner Klage über die mütterlichen Angstinfusionen«, sagt die Freundin. Und die Tochter, zähneknirschend begeistert: »Ich kann mir gar nicht genug mißtrauen. Das Blöde ist allerdings, daß ich mir unheimlich gern mißtraue. So daß ich dem Mißtrauen, das ich gegen mich selber hege, auch schon wieder mißtrauen muß.«

Drei Jahre lang ist die Mutter mittags um eins zum Essen gegangen.

Pünktlichkeit glaubt sie schuldig zu sein. Kein Zeichen von Appetit oder Lust vermag die Tochter an ihr zu erkennen. Nur Pflichtgefühl. Daß sie Rechte hat, Ansprüche stellen darf, weil sie soviel bezahlt, scheint sie nicht empfinden zu können. Ist also drei Jahre lang aus der zehnten Etage mit dem Fahrstuhl ins Erdgeschoß gefahren, durch den langen Gang, am Lebensmittelladen vorbei, am Friseur vorbei, an der Filiale der Deutschen Bank vorbei, am Empfang vorbei durchs große Foyer zum Speisesaal gegangen. Die letzte Aktivität, die ihr ohne Anstoß von außen gelingt. Geld abheben in der Filiale geht schon lange nicht mehr, das Einkaufen ist versiegt. Eine Weile hats die Tochter per Telefon versucht, Einkaufszettel diktiert, die meist liegenbleiben, vergessen im Nu. Wenn die Tochter zum zweiten und dritten Mal anruft, um nach dem Einkauf zu fragen, muß die Mutter zum zweiten und dritten Mal sagen, daß die Obstschale leer ist. Die Stimme der Tochter spannt sich – »die Hilflosigkeit, die du mit Gereizheit bekämpfst«.

Was die Tochter mitbringt, vergammelt im Kühlschrank. Die Mutter hat offenbar aufgehört, sich Frühstück und Abendessen zu machen. Auf den Plakaten die Autonomievision, mit der das Wohnstift so schwingend wirbt: das emanzipierte Alter gegen die Trostlosigkeit der »betreuten« Heimexistenz.

Ja von wegen. Theater, Konzerte, Vorträge, Gedächtnistraining, Tanzgruppen, Schallplattenabende, Lesekreise – alles im Haus, alles an der Mutter vorbei. Nie, seit sie hier eingezogen ist, hat die Mutter irgendeinen Kontakt gesucht, die Näherungsversuche von Mitbewohnerinnen passiv versanden lassen. Immer, wenn die Tochter nicht da ist, allein.

»Sie wechselt auch ihre Wäsche nicht mehr und merkts nicht«, sagt die Tochter zur Freundin, verzweifelt, »ich muß jetzt was machen.«

Dieses verdammte Dazwischen. Was ist Teildemenz, was ist Demenz. Wörter.

Drei Monate vor ihrem 90. Geburtstag wird die Mutter morgens gefunden, auf dem Boden liegend. Ist gestürzt, weiß nicht wie, weiß nicht wann. Schmerzen beim Sitzen und Gehen, offenbar kaum zu ertragen.

Computertomographie. Die Tochter neben der Mutter sitzend, im Warteraum. Der junge Arzt öffnet von innen die Sprechzimmertür, fordert zum Eintreten auf, bleibt in der Tür stehen, indessen die Tochter versucht, die stöhnende Mutter aus ihrem Stuhl hochzuziehen, sie die paar Meter zum Sprechzimmer zu führen, was nur mit äußerster Mühe gelingt und knapp am Wiederstürzen vorbei, während der junge Arzt in der Tür steht, keine Hand, kein Auge und keinen Fuß rührt, schließlich desinteressiert zwei Minuten lang den Befund verkündet, schon wieder aufsteht, während die Tochter nachfragt, nochmal bewegungslos zusieht, wie die Tochter die stöhnende Mutter hochzuziehen versucht aus dem Stuhl. Die Spitzenpraxis am Ort. Offenbar lohnt sich hier keine Zuwendungsinvestition. »Den Kerl werd ich öffentlich machen«, sagt die Tochter und wird es lassen aus Trägheit.

Schwere Prellung, kein Bruch. Die Mutter braucht jetzt den Pflegedienst. Ein paar Wochen Rollstuhl. Das Essen von nun an aufs Zimmer gebracht. Morgens, mittags und abends. So wird es bleiben.

Die Mutter, eingehakt links in die Tochter, rechts in die Ärztin, vor Schmerzen wimmernd, zum Bett. Die Tochter spricht über den Kopf der Mutter zur Ärztin, aus der Mutter bricht es heraus: »Statt hier rumzuschwätzen, solltest du mich lieber hinlegen.« Wütend und halb in Tränen.

Die Tochter erleichtert. Was für eine Normalität. »Wie lang ist das her, daß sie mir mal sagen konnte, daß ich ihr auf die Nerven gehe.«

Nach vier, fünf Wochen, der Rollstuhl hat sich erübrigt, fragt die Tochter, ob die Mutter nicht mittags wieder runtergehen wolle, in den Speisesaal, unter die Leute. Die Mutter schüttelt den Kopf.

»Warum nicht?«

»Ich will nicht gefragt werden.«
»Was willst du nicht gefragt werden?«
»Sie fragen mich dann, warum ich nicht da war.«
»Na und?«
»Das will ich nicht mehr.«

Einige Zeit, nachdem sie ihre Besuche in der Filiale eingestellt hat, erhält die Mutter Post von der Deutschen Bank. Die Deutsche Bank teilt den Wohnstift-Greisen mit, daß sie »ihr Leistungsangebot ständig verbessern« will, deshalb die »individuelle, hoch qualifizierte und persönliche Beratung« nicht mehr an jedem Standort bereitstellen kann. Die Filiale, wenn sie aus dem Wohnstift leider verschwinden muß, wird nicht »geschlossen«, natürlich, das Wort »schließen« würde die greise Kundschaft verunsichern – die Filiale wird »zusammengelegt«, nämlich mit dem eine Omnibusstunde entfernten Haupthaus, das jetzt »Investment- und Finanzcenter« heißt und für die greise Mutter den Vorteil hat, »daß wir Ihnen damit ein dauerhaftes Plus an Beratung bieten können«. Wenn sie möchte, kann sie auch am Online-Banking teilnehmen oder einen Vermögensberater ins Appartement bestellen.

»Dem mußt du dann sagen, wie lange du zu leben gedenkst«, erklärt die Tochter der Mutter. Wolle sie noch acht Jahre leben, so würde der Vermögensberater eine eher konservative Anlagestrategie empfehlen, wolle sie nur noch zwei Jahre leben, so würde er raten, die zahlreichen Chancen doch etwas kühner zu nutzen. Die ganz persönliche Erstellung der Restlebens-Performance bei gebündelter Kompetenz.

Ein Plakat der Deutschen Bank hängt nach dem Auszug der Filiale noch eine Weile im Schaukasten: »Die Zukunft kann kommen.« Gleich, nachdem sie von dieser lizenzierenden Ansage erfuhr, hat sich die Zukunft zu den Greisen auf den Weg gemacht.

Zur Mutter kommt die Zukunft mit Windeleinlagen. Plötzlich sind sie da. Dick, sperrig, penetrant. Der Mutter werden sie neuestens in die Unterhose geklebt. Kleine Windelstapel liegen jetzt überall im Appartement rum. Auf dem Tischchen neben der Couch, auf dem Nachttisch, auf dem Eßtisch, auf der Kommode, auf dem Bücher-Regal. Die Tochter steht ratlos. Ihre Unlust, sich auf Reibungen mit den Pflegepersonen einzulassen. Sie findet ihr eigenes Sorgen so defizitär, daß sie sich scheut, zu kritisieren. Vorauseilendes Verständnis also für alle Probleme des Personals. Ganz besonders herzlich vorgetragene Dankbarkeit für jede Handreichung, jedes klärende Gespräch. Bloß keine Anspruchshaltung vorführen! Stattdessen erwähnt die Tochter beiläufig ihre publizistische Tätigkeit. Daß sie über ihre Erfahrungen schreibe. Die Mitteilung dahin und dorthin gestreut, nur so nebenbei. Auffällig unauffällig. Die liebenswürdigste Drohung. Die Tochter wählt einen defensiven Einfühlungston und fragt eine Pflegeperson, was es mit den im ganzen Raum verteilten Windeleinlagen für eine Bewandtnis habe.

»Das macht Ihre Mutter.«

Die Mutter weiß von nichts. Offenbar räumt sie auf und um, wenn sie allein ist. Ordnet den Haushalt, wie früher.

Im Wohnstift gibt es den Pflegedienst und die Etagendamen. Getrennte Servicesegmente. Nach dem Sturz wird die Mutter vom Pflegedienst versorgt: zuvor nur zuständig für Augentropfen und Medikamente, übernimmt der Pflegedienst nun auch Waschen, An- und Ausziehen, Körperpflege, Wäschewechseln. Die Windeleinlagen werden eingeführt, weil die Mutter nicht laufen kann. Dann läuft sie wieder, geht selbständig aufs Klo, hantiert genervt mit dem Ding zwischen ihren Beinen, weiß nicht, wieso.

Die Tochter schaut zu, aus zwei Metern Entfernung.

»Meinst du, ich wär in der Lage gewesen, mich zu vergewissern, ob meine Mutter jetzt wirklich inkontinent ist? Meinst du, ich hätt mal investigativ auf diese verdammten Windeln geschaut, sie angefaßt, an ihnen gerochen? Ich hätte doch fragen müssen, warum das mit den Windeln immer weiter geht! Ich hätt mich doch kümmern müssen!«

Die Freundin, die sich das anhört, ist bestätigt in dem, was sie schon lange weiß. Sagt eiskalt erfahrungsgesättigt: »Wenn du nicht inkontinent bist, dann wirst du inkontinent gemacht. Das ist das Übliche.«

Dann aber, welches Glück, die Etagendamen!

Drei Monate nach dem Sturz gerät die Mutter in die Fürsorge der Etagendamen. Die bezweifeln die Inkontinenz und fragen die Tochter. Die Tochter muß zugeben, daß sie es nicht erkundet hat. Die Etagendamen, die Tochter könnte sie küssen jetzt, machen dem Windeltheater ein Ende. Die Mutter pinkelt weiterhin selbstbestimmt auf dem Klo. Vorläufig weiterhin. Vergißt jetzt nur immer zu spülen.

Der vom Pflegedienst in Gang gesetzte Lieferungsautomatismus hält allerdings an. Die Zufuhr neuer Windelpakete zu stoppen, erweist sich als schwierig, sie belagern das Badezimmer. Die Etagendamen erklären, das sei die Verantwortung vom Pflegedienst. Die Tochter muß jetzt mal, aber wirklich!, einen weniger beflissenen Auftritt wagen.

Aber und ach: Was ist schon eine verselbständigte Windelzufuhr gegen das Grauen der guten alten Zeit. Die Tochter studiert das Protokoll einer »Aktuellen Stunde«, in deren Verlauf der Stiftsdirektor den Greisen vor Augen geführt hat, daß ihre Alterszeit eine goldene ist. In die Schatzkammer also des wunderbaren 19. Jahrhunderts hat der Stiftsdirektor gegriffen und ein Statut hervorgeholt, das vor 130 Jahren das sogenannte Leben in einem Heim für »Alte, Kranke und Sieche« geregelt habe:

§ 1 Alle Befehle und Anordnungen der Schwestern und des Verwalters müssen pünktlich befolgt und ausgeführt werden.

§ 2 Im Sommer wird um 5 Uhr, im Winter um 6 Uhr aufgestanden. Nachdem jeder sich angekleidet und sein Bett gemacht hat, muß er beim Hinabgehen sein Nachtgeschirr mitnehmen und am bezeichneten Ort ausschütten.

§ 7 Jeder Bewohner muß seine Kleidung und mitgebrachten Sachen abgeben, keiner hat das Recht auf eigene Kleidung, vielmehr steht es der Vorsteherin zu, jedem die Kleidung anzuweisen, welche ihr am passendsten erscheint und muß solche ohne Widerrede angezogen werden.

§ 8 Ohne Erlaubnis der Schwestern darf niemand das Haus verlassen. Hat jemand Erlaubnis zum Ausgang erhalten, so soll er keine geistigen Getränke, am wenigsten Schnaps zu sich nehmen. Auch darf er nicht die zur Rückkunft vorgeschriebene Zeit überschreiten. Beim ersten Mal, wo dies geschieht, erhält er für die nächste Zeit keinen Ausgang mehr.

§ 9 Besuche bedürfen der Erlaubnis der Vorsteherin. Es ist Besuchern nicht gestattet, etwas an die Hausbewohner zu verschenken, seien es Eß- oder andere Waren.

§ 10 Während des Sommers wird um 8 Uhr 30 und im Winter um 8 Uhr sich zur Ruhe begeben. Niemand darf den Schlafraum vor dem allgemeinen Wecken verlassen. Auch ist jedes unnötige Gespräch, Singen usw. verboten. Der Besuch der Schlafzimmer während des Tages ist nicht erlaubt.

§ 11 Zuwiderhandlungen gegen diese Anordnungen werden mit Abziehen der Mahlzeiten, Einsperren und bei gröblichen Vergehen mit Ausweisung bestraft.

Das wohlfeil-triumphierende Schmunzeln, mit welchem der Stiftsdirektor seinen vergoldeten Greisinnen und Greisen dieses tiefschwarze Kontrastprogramm dargeboten haben mag, liegt wie ein Fettfilm auf seinen vom Protokoll überlieferten Sätzen. Ja, diese Alten von früher hätten zwar umsonst im Heim gelebt, dafür aber arbeiten müssen. »Würden Sie tauschen?« hat der Stiftsdirektor geistreich scherzend gefragt, die Vermutung dann ausgesprochen, daß seine emanzipierte Klientel das Wohnstift vorziehen würde, »auch wenn Sie dort ein paar Euro mehr bezahlen müssen«.

»Ekelhafte Ranschmeißerei! Als flanierten die verarmten Alten von heut in den Wohnstiften!« Die Tochter ist leider zu faul, einen Brief zu schreiben. Erinnert sich, was sie alles gesehen hat, vor Jahren, als sie ein Heim für den Vater suchte.

ALLES, WAS AUFGESCHOBEN, WEGGEDRÜCKT, nicht entschieden ist: geschichtet ums Wohnstift herum, die Tochter nennts ihre Schuldwand: Oft, wenn sie hinfährt, spürt sie, wie sie durch muß. Tief atmend auf dem Parkplatz, fünf Minuten noch sitzenbleiben, bis der Druck nachläßt.

Das Hörgerät. Das Hörgerät funktioniert nicht mehr. Seit paar Monaten nicht mehr, will die Tochter sagen, würd sichs gern auf die paar Monate hinbiegen, weil es schrecklich ist, zuzugeben, daß das schon zwei Jahre so geht, nicht geht. Sie kann nicht erklären, warum sie nichts unternommen hat. Läßt den Defekt des Hörgeräts verschwinden hinter der Unfähigkeit der mütterlichen Arthrosehand, das winzige Ding zu bedienen. Jedesmal fürchtet die Tochter anklagende Blicke der Pflegedamen, die aber gar nicht blicken vor lauter Gewöhnung. Die kennen doch alles.

Die Stimme der Tochter, wenn sie zur Mutter spricht, muß immer lauter werden. »Schrei doch nicht so«, sagt, aber wirklich ganz selten, die Mutter, worauf die Tochter in emphatischem Zuwendungston der Mutter erklärt, daß es ihr doch nur ums Gehörtwerden gehe und nicht im mindestens um eine Gereiztheit, natürlich doch nicht um eine Gereiztheit.

»Aber das weiß ich doch«, sagt die Mutter, die vergessen hat, daß es Hörgeräte gibt. Und daß sie schwerhörig ist.

»Versäums nicht«, sagt die Freundin und will vor Reueschüben warnen, erfahrungsgesättigt. Das Gefühl, versagt zu haben, könne sie nicht mehr vertreiben, seit ihr Vater 96jährig gestorben sei, die letzte Zuwendung, letzte Versöhnung sei ihr mißlungen. Die Freundin, bedrängt vom Gefühl des eignen Versagens, muß die Demenzbeschleunigung ausmalen, die dem greisen Menschen drohe, wenn er die Lautung der ihn umgebenden Welt nicht mehr entziffern könne, also im Leeren sei. Worauf die Tochter, vom Eifer des Nachholenwollens vorwärts bewegt, endlich den Hörverstärker besorgt, den man bei Bedarf einfach nur in die Ohren hängt. »Ich hatte keine Ahnung, daß es das gibt«, sagt die Tochter, »ich hätt ja nur mal in einen Laden gehn und nachfragen müssen. Vermeidung, Vermeidung, ich versteh nicht, warum ich in die Vermeidung dermaßen verfangen war, ach Quatsch, natürlich versteh ichs.«

Die Mutter will das Ding, in den Ohren hängende Ding gleich wieder abmachen. »Residuen des Willens im Feld der spontanen Körperberührung – aha –«, sagt die Tochter bescheidwisserisch. Die kostbare Gespreiztheit wird sie sich aufschreiben müssen. »Meine Mutter ist meine Mutter, meine Mutter ist mein Stoff, wer weiß, was zwischen uns nur passiert, damit ich was zum Beschreiben habe.«

»Du verstehst aber jetzt gut, was ich sage?«

»Ja, sehr gut«, sagt die Mutter.

»Und wenn ich dir das Ding jetzt abmache und in der gleichen Lautstärke weiterspreche, verstehst du mich immer noch?«

Unsicheres Lächeln, fragend.

Drei-, viermal wiederholt die Tochter den Vorgang. Die Mutter hört, die Mutter hört nicht, die Mutter hört.

»Merkst du jetzt, wozu das Ding gut ist? Es ist doch besser, wenn wir einander verstehen. Dann muß ich nicht so brüllen. Und wenn ich brülle, dann denkst du ja immer, ich brülle, dabei brülle ich gar nicht.«

Die Mutter lacht. »Ja natürlich, ich kenne doch meine Tochter.«

Ach, wenn das wahr wäre, denkt die Tochter. Und will erreichen, daß die Mutter die kleine Unannehmlichkeit an den Ohren mit der Annehmlichkeit des Hörens vergleicht und eine Entscheidung trifft. »Aber wie soll sie vergleichen«, sagt die Tochter zu sich, »wenn sie das eben noch Gegenwärtige vergißt im Augenblick, da es gewesen ist.« Eine Weile scheint die Mutter das in ihren Ohren hängende Ding zu akzeptieren. Dann alles von vorne.

Die Tochter, erleichtert, bemerkt ihre eigene Ruhe, Entspanntheit. Kein Druck beim wiederholten Erklären. Keine Anstrengung, geduldig zu sein. Nicht der geheimste Seufzer. Zum ersten Mal seit langem ein Gefühl, daß sie es gut macht. Als hätt sie sich abgefunden.

Der Vater ist seit sechs Jahren tot.

Der Onkel ist seit vier Jahren tot.

Die Mutter seit dreieinhalb Jahren im Wohnstift.

Zwei Jahre lang hat die Tochter das verlassene Haus angestarrt, niedergedrückt und angefressen von Selbsthaß. Sie will ein Ende machen und kann nicht anfangen damit. Zwei Jahre lang die letzte Teetasse der Mutter im Spülstein, die Tiefkühltruhe unausgeräumt in Betrieb, Himbeeren, Brombeeren, Johannisbeeren unverzehrt in der Truhe, die Kleider auf den Bügeln, die angebrauchten Handtücher im Bad, die Bücher in den Regalen, die Notenstapel in den Wandschränken, hunderte von Schallplatten in Spinnweben, die Tischtennisplatte mit Netz vor sich hin rottend im Garten, das Fallobst unaufgelesen, die Liegestühle unbenutzt auf der Wiese, der Garten gemieden. Das Familiengeschichtspapier in Kartons und Truhen auf dem Speicher, im Keller. Die Briefe, die Ansichtskarten, die Fotoalben, die Dias, tausende von Dias in diesen Kästen.

»Bloß nicht mehr fotografieren«, denkt die Tochter. Schwitzt unter diesem Haus, dessen Gewicht sie nicht aushält.

Der Keller vollgelaufen. Feuchte Tapete im Souterrain. Dachrinne verstopft. Immer wieder hinmüssen.

Die Qual des eingesehenen Unvermögens. Verkaufs doch endlich. Warum rufst du den Makler nicht an. Hast du endlich was unternommen. Es verrottet doch bloß, wenns unbewohnt ist. Warum kann sies denn nicht entscheiden. Sie will doch nicht reinziehen. Sie wills doch nicht vermieten, weil sie sich nicht kümmern will. Warum ruft sie den Makler nicht an. Zwei Jahre lang nicht.

»Ich hab das Gefühl, daß die Aura des Hauses mich einsperrt«, sagt die Tochter, »diese Symbolfracht!« Und erzählt vom gespaltenen Finanzfundament, auf dem das Haus Anfang der fünfziger Jahre stotternd emporgewachsen sei. Die sogenannte »Wiedergutmachung«, die der wunderbare Onkel bekam. Der sogenannte »Lastenausgleich«, weil das Stadthaus der Großeltern im Krieg verbrannte. Symbolfracht.

»Ich weiß nicht, ob ich das Haus verkaufe oder mich selber und die ganze Familiengeschichte.«

Die Tochter spürt und will nicht spüren, wie der Druck ihren Umgang mit der greisen Mutter anspannt. Die Unfähigkeit der Tochter, das verlassene Haus zu verlassen, die Wut, weil die Mutter abgleitet dahin, wo sie für nichts mehr zuständig ist: ein panischer Zirkel – von der Tochter erst im Rückblick durchschaut, da das verlassene Haus wirklich verlassen, geräumt, verkauft ist, die Trennung unhintergehbar, die Verspanntheit sich zu lösen beginnt.

»Und kaum hab ich mit dem Haus ein Ende gemacht, kommt der Sturz, der ihre Bedürftigkeit steigert, merkwürdig, diese Gleichzeitigkeit.«

Die Tochter umarmt die greise Mutter so oft jetzt, wie sie zwei Jahre lang sie nicht umarmt hat. Nicht umarmt hat, außer bei Ankunft und Abmarsch. Als habe sie plötzlich begriffen, daß es zwischen Mutter und Tochter nochmal drauf ankommt.

»Zwei Jahre lang bin ich nicht auf die Idee gekommen, ihr Gedichte vorzulesen. Wo war ich bloß?«

Der kleine Insel-Goethe ist mit ins Wohnstift gezogen. Da steht er, nie seither aufgeschlagen. Die Tochter liest »Wanderers Nachtlied«, die ersten zwei Zeilen, unterbricht sich, schaut die Mutter an –

»In allen Wipfeln spürest du …?« –

»kaum einen Hauch«, sagt die Mutter.

»Warte nur balde …?«

»ruhest du auch«, sagt die Mutter.

Augenblick flüchtigen Glücks, und wie jetzt jeder Augenblick zählt.

Die Tochter versuchts gleich nochmal.

»Erreicht den Hof mit Müh und Not, in seinen Armen …?«

Die Mutter ist ohne Verzögerung da:

»das Kind war tot.«

Todtraurige Stimme. Geweitete Augen. Schrecken im greisen Gesicht.

Die Tochter begreift erst jetzt: sie hat ein Fenster in die allernächste Ferne geöffnet. Die Mutter ist da.

Dann wirft sich die Tochter auf Schiller-Balladen, mit theatralisch gestikulierender Stimme. Sucht und findet im Gesicht der Mutter viele kleine Zeichen.

»WEISST DU NOCH, in welchem Lager der Gerhard war?«

Die Mutter schaut die Tochter an, verzweifelt.

»Buchen-?«

»wald«, sagt die Mutter, ganz schnell jetzt, und schlägt sich mit der Hand an die Stirn. »Ach Gott, daß mir das jetzt nicht eingefallen ist.«

Die Tochter hat wieder was mitgebracht. Einen Fund vom Speicher des verlassenen Hauses. Ein Bündel Briefe und Karten, wieder so ein Bündel, gelbliches Papier, rot bedruckt. Vorlesen? Ja. Das Rotgedruckte vor der Handschrift.

»Jeder Häftling darf im Monat zwei Briefe oder zwei Postkarten empfangen und auch absenden. Die Briefe an die Gefangenen müssen gut lesbar und mit Tinte geschrieben sein. Unübersichtliche und schlecht lesbare Briefe können nicht zensiert werden und werden vernichtet. Briefe dürfen nur 15 Zeilen je Seite und Karten höchstens zehn Zeilen enthalten. Gestattet ist nur ein Briefbogen normaler Größe (14 mal 20 cm). In 1 Brief dürfen nur 5 Briefmarken zu je 12 Rpf beigelegt werden. Alles andere ist verboten und unterliegt der Beschlagnahme. Lichtbilder dürfen als Postkarten nicht verwendet werden. Pakete jeglichen Inhalts dürfen nicht empfangen werden. Geldsendungen sind zulässig, müssen aber durch Postanweisung erfolgen. Mitteilungen auf den Postanweisungsabschnitten sind verboten. Es kann im Lager alles gekauft werden. Nationalsozialistische Zeitungen sind zugelassen, müssen aber vom Häftling selbst über die Poststelle des Konzentrationslagers bestellt werden. Der Tag der Entlassung kann noch nicht angegeben werden. Besuche im Lager sind verboten. Anfragen sind zwecklos. Der Lagerkommandant.«

Gelblicher Briefbogen, rot bedruckt. Briefkopf »Konzentrationslager Weimar-Buchenwald«. Darunter der Auszug aus der Lagerordnung.

Ein Bündel Briefe und Karten.

Am 19. 10. 41 schreibt der Schutzhäftling Nr. 6672 aus Block 39 an seine Mutter zu deren 60. Geburtstag, ordnungsgemäß mit Tinte.

»Oktober 41, da bin ich noch keine drei Monate alt, und du bist?«

Langes Schweigen. »Warte mal«, sagt die Mutter.

»Na, wie alt bist du denn im Oktober 41?«

»Weiß ich jetzt nicht mehr.«

Am 19. 10. 41 ist der wunderbare Onkel knapp dreißig. Aus dem Lager in den zivilen Kriegsalltag schickt er seiner Mutter einen inständigen Dankesbrief: weil sie ihn werden ließ, was er wurde, seine Motive begreift, und weil er im Elternhaus Liebe, Kräftigung, Harmonie erfahren habe, nur Hamonie. Die Tochter liest vor, bestaunt jedes Wort, kein Ausweg ins ironische Draußen.

»Ich kann mich nicht erinnern, auch nur einen einzigen Wortwechsel oder eine ernste Verstimmung zwischen dir und Vater erlebt zu haben, kein böses Wort fiel je zwischen euch.« Die Tochter hält inne, schaut die Mutter an, die Mutter schaut an ihr vorbei. Überlebensphantasie, nur so kann man überleben? Nicht fragen, nicht fragen. Sie sagt: »So war das bei euch.« Es soll eine wundergläubige Feststellung sein, keine Frage, keine Ironie soll auch nur schattenhaft anklingen. Aber die Fraglosigkeit ist nicht auszuhalten.

»So war das bei euch? Kein Wortwechsel? Kein böses Wort? Gibts das? Hast dus auch so erlebt?«

»Na ja«, sagt die Mutter, tatsächlich mit einem Anflug von Lächeln, »na ja, es ist vielleicht eine Spur übertrieben.«

Die Tochter fällt der Mutter um den Hals, herzt und küßt sie: Offenbar hat die Mutter, ganz unverhofft, eine gloriose Leistung vollbracht. »Ich hab dich nie ein kritisches Wort über deine Eltern sagen hören«, sagt die Tochter, nachdem das Herzen und Küssen wieder ein wenig abgeklungen ist. »Außer, daß dein Vater sich geweigert hat, auf der Straße den Kinderwagen zu schieben. Im Gegensatz zu meinem Vater, der das immer gemacht hat. Das hast du ihm hoch angerechnet, obwohl es die beim Eheantritt fehlenden Unterhosen nicht ganz aufwiegen konnte.« Die Mutter schaut eine Weile unbestimmt. Sie nimmt einen anderen Brief in die Hand, hält ihn nah an die Augen und liest ihn Zeile für Zeile, vier Seiten.

Die Tochter sucht im Gesicht der Mutter. Es gelingt ihr, nicht zu fragen, was denn die Mutter gelesen habe.

»GLAUBST DU, DAS LOHNT SICH NOCH? Glaubst du, du tust es wirklich für sie?«

Dem älteren Freund, dessen Mutter vor Jahren im selben Wohnstift gestorben ist, hat die Tochter erzählt, schon so lang erwähne die Mutter den Schleier vor ihren Augen. Die Stimme der Tochter klingt, als müsse sie sich durch die seit der ersten Schleiererwähnung vergangene Zeit hindurchseufzen. Manchmal habe sie schnell über die Schleierklage hinweggeschwätzt, noch öfter aber getan, als wüßte sie nicht. »Als wüßte ich nicht, daß meine Mutter nichts mehr entscheiden kann.« Habe also gefragt, ob die Mutter die Staroperation jetzt wolle, worauf die Mutter – »erwartungsgemäß, natürlich, was sollte sie anderes tun« – mit den Schultern gezuckt habe, »dieses Schulterzucken, das ich kenne, seit sie sich in die Passivität verabschiedet hat, wonach auch immer du fragst, ob sie ein bißchen raus will, ob sie ein Glas Wein will, ob sie lieber diese Jacke anziehen will oder jene, sie zuckt mit den Schultern, und wenn ich in sie dringe, kommt es vor, daß sie dem Schulterzucken noch ein gleichgültiges ›Ja, können wir machen‹ folgen läßt, so, als geschähe alles ausschließlich mir zulieb«, sagt die Tochter. »Einmal noch möcht ich spüren, daß sie sich wirklich was wünscht! Sich auf die Erfüllung des Wunsches freut!«

»Glaubst du, du tust es für sie? Glaubst du, das lohnt sich noch für sie?«

Die Tochter, da sie endlich, in ihrer Aufholbewegung, die Initiative zur Entschleierung der greisen Augen ergreift, reagiert auf die Frage des älteren Freundes nach dem ›Sich-Lohnen‹ mit Abwehr: als befürchte sie, die verworrenen Motive ihres Zauderns könnten, sich entwirrend, aus dem beschirmenden Halbdunkel treten. »Ich weiß ja nicht, wie ich das rechnen soll, wie ich erlebte Augenblicke mit nicht erlebten verrechnen soll. Sub specie aeternitatis lohnt sich ja gar nichts.«

Der ältere Freund argwöhnt, die Staroperation diene jetzt nur noch zur Verbesserung der töchterlichen Gewissenslage. Was soll die Tochter da sagen.

»Wenn die Mutter mal tot ist, kann sie sich weder ans verschleierte noch ans entschleierte Auge erinnern. Bis dahin. Was weiß ich denn von ihr.«

Der Termin in der Augenklinik ist anberaumt.

Die Sinnfrage ad acta gelegt.

DIE TOCHTER, wie sie den Pullover übern Kopf zieht, erblickt im Spiegel ihr Vatergesicht, angezerrt. Undefinierbare Unlust. Zähnefletschend gegen ihr fletschendes Spiegelbild: »Ich schaffs ja doch nicht.«

Sie muß die Zeitungen lesen. Sie muß die Mutter anrufen. Nein, sie muß hin. Mußwillmuß. Das dringliche Gefühl des Hinwollenmüssens, während sie ein Interview mit Richard Rorty liest, die Zeitung links auf dem mit Zeitungen überladenen Frühstückstisch, rechts das Notizheft, in das sie ein paar Einfälle notiert, wenn sie nicht hinwollenmüßte, hätte sie jetzt eine Einfallsschneise natürlich, vielleicht doch heute nur anrufen, das Telefonat zwischen Richard Rorty und den bescheuerten Leitartikel der anderen Zeitung legen – »schon wieder vergessen, was ich eben gelesen hab« –, »hallo Mutti«, heut meldet sie sich, statt mit dem gewohnten, zögernden »Ja bitte« ausnahmsweise mit ihrem Nachnamen, »was tust du gerade?«.

»Ich hab mich angezogen.« »Aber es ist zehn nach elf«, sagt die Tochter ziemlich sinnlos zur Mutter, die seit Monaten, seit dem Sturz sich nicht mehr anzieht, sondern angezogen wird, nachdem sie gewaschen worden ist, was sie nicht weiß, aber gelegentlich dementiert, wenn es die Tochter taktloserweise erwähnt. »Also hör mal, natürlich zieh ich mich selber an.«

Und dann sagt die Tochter, während sie den Rand der Zeitung bekritzelt, als müsse sie ihr ständiges Eingedenken wieder einmal beweisen, sie habe grad eine Maschine mit Mutterwäsche angeworfen – »warum bloß sage ich das« –, sie werde die Wäsche also dann mitbringen, worauf die Mutter mit plötzlich wiedergefundener Schlagfertigkeit das Manöver der Tochter lächerlich macht: »Ich freue mich nicht auf die Wäsche, ich freue mich auf dich.«

Es komme ihr jetzt manchmal vor, sagt die Tochter der Freundin, als könne der Prozeß noch mal anhalten, ja sogar rückwärts laufen. »Endlich kapier ich, daß es keinen Zustand gibt. Nur Zustände, je nachdem, auf welches Fenster du klickst. Je nachdem, wie die Synapsen grad feuern.«

Die Wäsche ist trocken, wird von der Tochter in die schwarze Tasche gestopft, nur über die Blusen mal kurz mit dem Bügeleisen. Die Tochter löst sich aus ihrem Zeitungs-Geschiebe, trägt die Tasche zum Auto, fährt 300 Meter, hat den Appartementschlüssel vergessen – »sie hört ja das Klingeln nicht mehr!« –, dreht also um, sucht den Schlüssel zehn Minuten lang in Hand- und Brust- und Gesäßtaschen, stößt die zugehörigen Flüche aus, fährt nochmal los. Betritt das Appartement, die Mutter schläft.

Die Tochter öffnet den Wäscheschrank und erstarrt, steht offenen Mundes: »Das kann meine Mutter nicht gewesen sein!« Die Fächer präsentieren sich fremd. Aufgeräumt. Die Pullover, jedes Hemdchen, Höschen, Taschentüchlein sorgfältigst zusammengelegt, alles Passende aufeinander geschichtet, akkurateste Symmetrie. Die Tochter hat eine ähnliche Ordnung früher mal bei der Mutter gesehen, noch nie, in Jahrzehnten nicht, bei sich selber. Seit die Mutter im Wohnstift lebt, bewirtschaftet die Tochter die Schränke, und so, gewürgt und gestopft, haben sie ausgesehen.

Die Tochter starrt in den Schrank, als wär ihr das Urteil gesprochen. »Wer war das denn?« Verlegenheit in der Tochterstimme. Aber die Etagendame, die es gemacht hat, obwohl es nicht zu ihren Pflichten gehört, hat es nicht gegen die Tochter gemacht. Nur für die Mutter. Viele hier mögen die Mutter. Weshalb sie auch auf die Zahnbürste achten.

»Vielleicht könnten Sie Ihrer Mutter eine neue Zahnbürste besorgen.«

»Oh«, sagt die Tochter und stottert dann irgendwas.

Die Mutter sitzt am runden Tisch vor ihrem Tablett. Mittagessen. Alle Schüsselchen und der Teller noch zugedeckt. Die Mutter, da die Tochter von hinten leise sich nähert, sie an der Schulter berührt, dreht langsam den Kopf, ein Ausdruck glückseliger Überraschtheit tritt auf ihr eben noch leergeräumtes Gesicht, und wie sie den Namen der Tochter ausspricht, klingt es, als liege zwischen diesem seligen Wiedersehen und der letzten Begegnung eine endlose Zeit.

Die Tochter nimmt die Deckel von den Schüsseln, gibt der Mutter das Besteck in die Hand, legt ihr eine Serviette auf den Schoß und eine andere um den Hals, deutet auf jede einzelne Speise und nennt sie beim Namen. Die Mutter beginnt zu essen ohne erkennbare Neigung, ohne eine Reaktion auf den Geschmack, gehorsam. Immer wieder innehaltend, beugt sie sich übers Tablett, studiert mit einem zugleich fremden und forschenden Blick den Salat, die Suppe, die Kartoffeln, das Fleisch, das Kompott. Scheint die Tochter, die ihr gegenübersitzt, gleich wieder vergessen zu haben; wenn ihr Blick sie streift, nimmt er keine Beziehung auf. Die Mutter legt das Besteck beiseite, sucht mit der rechten Hand ihre Hosentasche, findet ein Taschentuch, zieht es heraus, schaut es an, putzt sich die Nase, wischt sich den Mund ab, starrt wieder lange das Taschentuch an, steckt es langsam in die Hosentasche zurück, nimmt die Gabel auf, besichtigt nochmal aus allernächster Nähe jede einzelne Speise, ißt.

»Wie ein Kleinkind, das sich mit der Welt vertraut macht.«

Die Tochter sitzt da, das Notizheft in der Hand, beobachtet, schreibt sich was auf, schaut wieder zur Mutter hin, schreibt, schaut. »Das ist das erste Mal, glaub ich, daß ich mir in ihrer Gegenwart etwas über sie aufschreibe. Ob sie was von dieser Beobachtung spürt? Und wenn sie was spürte – ob sie mich dann anschauen würde?« Die Tochter sitzt wie ein Porträtmaler da. Sie muß die Distanz, die sie manchmal beim Beobachten hat, verteidigen gegen sich selber: »Ich erhol mich in der Distanz. Der Druck läßt nach, wenn ich Worte finde, das Gefühl wird befreit. Manchmal denk ich, das Papier, auf dem du von deinen Ressentiments schreibst, saugt sie dir weg. Wenigstens ein bißchen.«

Die Mutter kratzt mit dem Teelöffel das Nachtischschüsselchen aus, bis auf den letzten Rest. Vielleicht eine ganz kleine Lustspur. Die Tochter faßt die Mutter an beiden Händen und zieht sie aus dem Stuhl hoch. »Wir gehen ein bißchen raus. Mußt du noch mal aufs Klo?«

»Auf die Frage hab ich gewartet«, sagt die Mutter und lacht.

Die Tochter reicht ihr den Stock, die Mutter schaut sich suchend um, schaut dann unsicher, fragend zur Tochter.

»Ja, warum gehst du nicht?«

»Ich weiß jetzt gar nicht…«

»Wo dein Bad ist? Aber Mutti, du wohnst seit dreieinhalb Jahren hier.«

»Ach so«, sagt die Mutter, »ich bin jetzt ganz durcheinander.«

Die Tochter führt sie zur Badezimmertür, schaltet das Licht an.

»Danke.«

»Es ist das erste Mal, daß sie das nicht mehr weiß«, sagt die Tochter. »Nein, es ist das erste Mal, daß ichs mitkriege.«

Die Tochter kann jetzt nicht mehr umhin, es mitzukriegen, jedesmal, wenn sie kommt. Während die Mutter immer häufiger die Orientierung in Raum und Zeit verliert, kräftigt sich offenbar ihre Bereitschaft zu fragen. Auf der Terrasse des Restaurants, das zum Wohnstift gehört, trinkt die Mutter tatsächlich ein Bier. Ganz zarte Andeutung von Vergnügen. Es schmeckt nach Verreist-Sein.

»Sind wir jetzt auf der Hinreise oder auf der Rückreise?«

»Wir sind nicht auf Reisen. Wir sind da, wo du wohnst.«

»Hier sind mir zuviele Leute. Was wollen sie.«

»Aber das sind Gäste, nur drei.«

»Ich weiß nicht, was die hier wollen.«

Auf dem Weg durchs Foyer: »Ist das die Bahnhofshalle?« Manchmal auch ist das Foyer, in dem Bilder an den Wänden hängen, die Kunsthalle aus der Stadt ihrer Jugend. Und manchmal ist ihr Appartement das Wartezimmer eines Arztes.

»Wohin gehst du denn jetzt?«

»Ich muß nach Hause.«

»Ja und ich?«

»Du bleibst hier.«

Die Mutter lacht, als wär das ein guter Witz, daß die Tochter, wenn sie von ihr weggeht, nach Hause geht.

»Du willst mich verkohlen.«

»Aber nein, ich bin doch erwachsen. Ich hab eine eigene Wohnung. Ich muß noch was arbeiten heut.«

»Ach so«, sagt die Mutter, »ja natürlich. Aber fahr vorsichtig. Und ruf an, wenn du gut angekommen bist.«

Immer die letzten Worte. Ein Leben lang Sorge. Tiefer sitzt nichts.

Die Tochter, da sie weiß, daß die Mutter ihren Besuch in wenigen Minuten vergessen haben wird, zweifelt plötzlich an der Treffsicherheit dieses Wortes: vergessen.

»Sie wird nicht sagen können, daß ich da war. Aber womöglich gibts jenseits des Sagenkönnens eine Fähigkeit, das Erlebte zu bewahren. Bei sich zu halten.«

Fotos anschauen. Mutter und Tochter nebeneinander auf der Couch.

»Damals hatte die keinen Knoten. Erkennst du die noch?«

Die Mutter angestrengt. Schaut auf die Fotos so abwesend, als wollten sich die Augen hinter sich selber zurückziehen.

»Das ist die Martha. Das ist die Omi. Das ist der Gerhard. Das ist unterm Boskop-Baum. Das ist die Gertrud.«

Die Mutter, in einem Anflug von Belebung: »Das ist die Gertrud.«

»Das ist die Gertrud, da ist sie so achtzehn vielleicht.«

Die Gertrud war eine Klasse über der Mutter, ihre Schulfreundin.

»Die Gertrud ist rechtzeitig weg«, sagt die Tochter.

Blaue Luftpostbriefe aus Jerusalem in den fünfziger Jahren.

»Auf die Briefe war ich stolz.« Die Tochter legt der Mutter den Arm um die Schulter. »Ich bin mir als was ganz Besonderes vorgekommen. Weißt du noch, wie wir ihr zu Weihnachten Strohsterne geschickt haben? Ausgerechnet Strohsterne nach Jerusalem!«

Die Mutter blickt ungläubig.

»Wirklich«, sagt die Mutter. »Das weiß ich ja gar nicht mehr.«

»Und das hier: Da ist die Getrud schon mindestens fünfzig. In unserm Garten.«

Die Gertrud ist rechtzeitig weg und nach 25 Jahren wiedergekommen, hat den Onkel geheiratet. Dann im Haus gelebt. Das Haus ist auch voller Jerusalem.

Sie verstehe nicht, wie man nach Deutschland zurückgehen könne, hat die Gertrud immer gesagt. Und wenn man sie erstaunt daraufhin anblickte: bei ihr sei es etwas anderes.

»Ich glaub, du warst eifersüchtig«, sagt die Tochter zur Mutter. Will nach einer Eifersuchtserinnerung bohren. Fällt sich ins Wort und läßt es.

»Immer, wenn ich welkes Laub auf dem Rasen sehe, muß ich an die Gertrud denken. Auf ihren Wunsch mußte das Laub unmittelbar nach dem Fallen zusammengerecht und entfernt werden«, sagt die Tochter, »erinnerst du dich? Ich hab mich gerächt, indem ich sie als deutscheste aller Hausfrauen beschimpfte.«

Beim Räumen des Hauses, erzählt die Tochter der Mutter und will sie hindern, schon wieder wegzugleiten, seien Tagebuchhefte zum Vorschein gekommen, Gertruds Notizen aus den ersten Jahren nach ihrer Rückkehr: Wie sie sich in einem Totenreich fühlt. Kein wirkliches Willkommensein spürt.

»Nicht mal bei uns«, sagt die Tochter zur Mutter, und wie es sie peinige, das heute zu lesen.

»Ich glaub, ich hab damals nicht wirklich verstanden, was es für sie bedeutet hat, zurückzukommen. Sie hat mir vorgehalten, ich hätt wenig Phantasie. Jetzt weiß ich, was sie gemeint hat. Wir waren so selbstversichert bei den Gerechten, daß wir gar nicht auf die Idee kamen, daß uns was fehlen könnte.«

Die Tochter spricht zur Mutter und vor sich hin. Die Mutter, wieder wach, plötzlich: »Das hab ich mir auch schon oft überlegt.« Die Tochter staunt.

25 Jahre ist die Gertrud schon tot. Aus dem in einer Speichertruhe bewahrten Papier taucht Gertruds Vater auf, von dem die Tochter nichts weiß. Jetzt sieht sie ihn vor sich als Schatten: Wie er die letzten Jahre zubringt in einer Frankfurter sogenannten Judenpension, dann auf der Deportationsfahrt nach Theresienstadt verschollen ist.

Die Tiefe des Hauses.

»Hast du ihren Vater gekannt?«

Die Mutter schaut zum Fenster.

»Das weiß ich jetzt gar nicht mehr.« Ein paar Wochen später, da die Tochter sie nochmal fragt, will die Mutter sich an Gertruds Vater erinnern, der kein Grab hat. »Vielleicht aber nur, weil ich beim Fragen so obstinat war.«

Gertruds Grab auf dem Jüdischen Friedhof.

Der greise Onkel, vor einer riskanten Operation im

Ungewissen, bittet die Nichte, sich bei der Jüdischen Gemeinde zu erkundigen, ob er gegebenenfalls zur Gertrud ins Grab könne. Die Nichte, da sie die Sache erkunden will, wird ihrerseits gefragt, ob denn die Gertrud im ›Mischehen-Bereich‹ liege. Sie trägt diese Fragebotschaft mit angemessener Akzentuierung des kostbaren Wortes zum Onkel ins Krankenhaus. Der Onkel winkt ab, hohnlachend. Die Nichte solls lassen.

Etwa dreißig Kilometer jetzt zwischen den Gräbern.

Die Tochter zu Hause am Schreibtisch, in Gedanken bei der Szene vom Vortag. »Hast du ihren Vater gekannt?« Erst jetzt diese Frage. Warum nicht vor dreißig Jahren. Oder hat sie Frage und Antwort vergessen? Das wär nicht besser.

Die Tochter starrt rückwärts auf Jahrzehnte ihrer erbärmlich minderbemittelten Neugier. Getragen vom großflächigen Aufklärerpathos verpaßt sie die Aufklärung des Nächstliegenden.

»Womöglich aus Scheu vor dem Gemischten, dem Uneindeutigen, das sich hätte zeigen können.«

Nicht nur der Ostfront-Vater unerkannt, sondern auch ganz im Vagen der Alltag der Mutter in den dreißiger Jahren, die genauen Umstände von Gertruds Emigration. Keine Erinnerung, daß sie den Onkel mal gefragt hätte, wie genau es zugegangen sei, wie er sich aus dem Lager ins Strafbataillon habe retten können. Keine Erinnerung, daß sie die Mutter je animiert hätte, die Umstände von Gertruds Abschied zu schildern, wo zuletzt und wie man sich getroffen habe, und wann und ob überhaupt.

»So reflexionslos eingerichtet im Ungenauen: Statt daß ich all ihr Erlebtes aus der Gertrud rausfrage, diskutier ich mit ihr übers Zusammenrechen der abgefallenen Blätter. Oder war das die Normalität, die wir nötig hatten?«

Ach und die Vaterfamilie. Nie zum Gegenstand ihres Interesses geworden. War der Großvater väterlicherseits vielleicht in der Partei? Keine Ahnung. IHR Großvater war der ANDERE, der aus dem Amt ging, weil er bei der SPD war. Die Arbeitsdienstkarriere des Vater-Bruders? Irgendwann mal erwähnt, aber nie untersucht. Ohne Bedeutung fürs Moralbudget der Familie.

»Das war für mich gar kein richtiger Onkel, er hat nicht dazugehört.«

Nie hat ihn die Tochter gesehen, nur seine hölzernen Briefe belacht. Und nie den Vater gefragt, wie er sich bei dem Gelächter so fühle. Sie sitzt jetzt da und merkt, wie sie schrumpft.

»Ist das eine Bank?«

Beim Eintritt in den sogenannten Empfangsbereich der augenärztlichen Praxisklinik trifft die greise Mutter mit schlafwandelnder Intuition die Bestimmung des Hauses.

»Sie sind die Betreuerin?«

»Nein, ich bin die Tochter.«

Im gläsernen Aufzug zwei Etagen in die Tiefe, der Warteraum noch leer, die Stühle an den Wänden.

»Ist das ein Möbelgeschäft?«

Mutter und Tochter nebeneinander auf Stühlen des Möbelgeschäfts, das Auge, das heut drankommen soll, wird getropft. In den Ohren der Mutter das hängende Hörding. Die Tochter hat im Wohnstift, auf der Fahrt, auf dem Weg vom Parkhaus zur Praxis erklärt, was bevorsteht, wiederholt jetzt im Warteraum die Erklärung in kurzen Abständen. Wenn die Tochter spricht, hört die Mutter zu mit teilnehmendem Eifer. Sobald die Tochter schweigt, verändert sich der Ausdruck im Gesicht der Mutter: abgetötet, desinteressiert. Der Warteraum füllt sich, Menschen mit ihren Papieren treten an den Tresen. Die Mutter befremdet: »Was ist denn hier los?«

»Es kommen noch andere Patienten«, sagt die Tochter. Die Mutter scheint nicht zugehört zu haben. Hinter ihrem scheinbaren Desinteresse lauert eine Bereitschaft, jetzt alles, was sich vor ihren Augen bewegt, unmöglich zu finden.

»Sieh dir das an, was sich hier abspielt.« Halblaut, ohne die Tochter anzuschauen.

»Was meinst du denn, was spielt sich ab?«

»Ach, da ist jedes Wort zuviel«, sagt die Mutter verächtlich. Die Tochter kann nicht herausfinden, was die Mutter sieht. Ihr indignierter Ton scheint von früher zu sein. Kopfschüttelnde Mißgelauntheit. Als müßte sie eine Rede von Franz Josef Strauß anhören oder auf dem Fußboden kopulierenden Paaren zuschauen. Ein vernichtender Blick trifft die Arzthelferin, die das Auge tropft. Die vergilts mit hautnah angewärmter Streichelstimme. Die Mutter wird ihres Jacketts entledigt, in den OP geführt, mit zugeklebtem Auge zurückgebracht, soll wieder ins Jackett schlüpfen, bleibt im Ärmel hängen, schimpft laut, was das wieder für ein Murks sei. Die Defensivverkleidung reißt auf. Die Tochter staunt. In der Armvene steckt eine Infusionskanüle; soll drin bleiben, bis die Ruhezeit rum ist. Die Mutter zerrt am Pflaster, die Tochter erklärt, die Mutter läßt vom Pflaster ab, die Mutter zerrt wieder, die Tochter erklärt, die Mutter läßt ab. Die Tochter geht für drei Minuten aus dem Raum, kommt wieder, die Kanüle ist aus dem Arm gerissen, das Blut tropft der Mutter auf die Hose, die Patientin links von der Mutter sagt, daß das Blut beim Waschen schwer rausgeht, die Mutter zerrt am Augenverband – »was soll denn das da sein?« –, die Tochter erklärt. Erklärt, daß das Auge operiert worden sei, weil die Mutter über den Schleier geklagt habe, erklärt, daß der Verband bis zum nächsten Tag dranbleiben müsse, wegen der Infektionsgefahr. Erklärt es nach fünf Minuten von neuem, nach zehn Minuten, nach fünfzehn Minuten, nach zwanzig. Im Augenblick wieder das Katastrophengefühl, alles ausweglos. »Ich dachte«, erzählt die Tochter später, »was auch immer ich täte, sei falsch. Eine Verrücktheit, bei einer 90jährigen so was noch anzuzetteln. Es würde fürchterlich schiefgehen. Die spät errungene Gelassenheit schon wieder dahin, und alles noch mal von vorne.«

Sie habe ihre Katastrophenphantasie, wieder mal ganz die Mutter, augenblicklich ins Irrationale getrieben, sich eine Infektion ausgemalt, in deren Folge die Mutter auf unbestimmte Zeit im Krankenhaus liegen und sie, die Tochter, an ihrem Bett sitzen müsse. »Diese Mischung aus Wut und Sorge: nicht mehr zu unterscheiden, obs mir mehr um sie oder mehr um mich geht. Natürlich um mich.«

Am Tag der Staroperation, wie im Zeitraffer, nochmal die ganze Beziehungskurve, welche die Tochter in drei Jahren mit der Mutter durchlebt hat: alle Stadien. Von der Auflehnung, Wut, Gereiztheit, Verzweiflung über die hilflose Resignation zu Gelassenheit, Einverständnis, Zuwendung. Am Abend kommt die Tochter wieder da an. Stunde um Stunde am Bett der Mutter sitzend, das verbundene Aug zu schützen vor der Hand, die immer wieder dahin will.

»Als übte ich das Wachehalten am Sterbebett ein. Es war wie eine Wiederholung der letzten Szenen mit meinem Vater, das konzentrierte Hinschauen-Müssen.« Vierzigmal, fünfzigmal an diesem endlosen Tag der Mutter die Begründung fürs verklebte Auge zugesprochen, zugeflüstert, zugerufen – immer im Bewußtsein, daß die Mutter sekundenlang die Vernunft der Begründung versteht, aber das Verstehen nicht bei sich behalten, nicht umsetzen kann; daß sie sekundenlang die Sorge der Tochter fühlt und zugleich leidet an ihrem Unvermögen, der Sorge gerecht zu werden. Diesen ganzen Tag, erzählt die Tochter später der Freundin, habe sie sich gefragt, warum sie in dieser ständigen Wiederholung gefangen bleibe, »obwohl ich bei jedem Wort doch wußte, daß es seinen Zweck nicht erfüllen würde, mußte ich immer wieder von vorne anfangen«, sagt die Tochter. Und während die schnöde Vernunft regelmäßig dazwischen gerufen habe, daß es doch sinnlos sei, habe das Gefühl offenbar die ungezählten Augenblicke dichter Beziehung gesucht, ihnen mehr Gewicht gegeben als dem Verfehlen des Zwecks.

Am Bett der Mutter sitzend, ihre Hand haltend, damit diese sich nicht am Auge vergreife, fängt die Tochter an, Schlaflieder zu singen, die sie als Kind von der Mutter gehört hat. Die Mutter schaut sie mit einem Blick an, für den ein Wort zu suchen die Tochter sich scheut. Die Mutter hat jetzt oft diesen Blick. Nach einer Weile des Singens streichelt sie die Schulter der Tochter, küßt sie, als sollte die Tochter jetzt noch einmal das Kind sein dürfen, und sagt: »Jetzt wollen wir schlafen gehen. Du mußt endlich zur Ruhe kommen.«

»Ich kann jetzt nicht weg«, denkt die Tochter, »ich kann, wenn sie mich so anschaut, überhaupt nicht mehr weg.« Dann geht sie und übergibt die Wache einer Studentin.

Am nächsten Tag wirkt die Mutter ein wenig belebt. Jedenfalls glaubt die Tochter das zu bemerken. Mehr Spontaneität in den Reaktionen. »Der Beziehungsstreß gestern! Vielleicht ist es das! Der Außenreiz! Die ständige Forderung! Was ihr sonst Tag für Tag fehlt, weil ich nicht da bin.«

Zehn Minuten brauchen Mutter und Tochter, um vom Wohnstift zu einer Bank zu gelangen, von der aus man, über Weinberge hin, weit in die Ebene schaut. Das ist für die Mutter jetzt die richtige Strecke. Mutter und Tochter sitzen da, eine halbe Stunde oder auch länger, Hand in Hand, streicheln einander, geben sich Küsse, schauen sich an, lachen. Die Tochter denkt an die Zeit, da sie das Nicht-Sprechen der Mutter als unerträglichen Druck empfand. Verstehts nicht mehr ganz. Ist froh, daß das endlich vorbei ist. Weils vorbei ist, kann die Mutter manchmal von sich aus wieder was sagen. Sie liebt es, die Bäume zu zählen, die rechts und links in nächster Nähe zu sehen sind. Zählt rechts eins zwei drei, links eins zwei drei vier und hat, immer wenn sie so zählt, ein Staunen in der Stimme, als läge in den Zahlen eine geheime Bedeutung. Die Tochter zettelt Gespräche an über irgendwelche Geschichten von früher, damit die Mutter ihr Langzeitgedächtnis nicht auch noch vergißt. Aber die Mutter, auf der Bank über den Weinbergen, steigt regelmäßig aus diesen Gesprächen aus und widmet sich dem, was sie in ihrer Gegenwart vor den Augen hat: den Weinstöcken und den Bäumen.

Eine Ansammlung von Gebäuden unten weit in der Ebene. Zwei-, dreimal hat die Mutter in der Formation der Gebäude den Buchstaben M erkannt. Die Tochter sieht ihr an, wie mühsam es ist, die Worte zu finden, die das Erkannte ausdrücken können. Wie sie sich anstrengt, Gedankenabläufe miteinander zu verknüpfen, und wie sie dann so oft scheitert. Manchmal bildet sich die Tochter ein, sie könnte das sehen, wie hinter der Stirn der Mutter Gedankenketten einander berühren und dann wieder voneinander weggleiten. Es scheint so weit jetzt zu sein vom Gedanken zum Wort. Oder vom Zuhören zu einer Reaktion aufs Gehörte. Die Tochter versucht zu helfen, indem sie Vorschläge macht. Lang hat sie gedacht, daß die Mutter nicht zuhört, nichts aufnimmt, wenn sie nicht gleich eine Antwort gibt. Geradezu versessen auf irgendein Zeichen der Reaktion war die Tochter gewesen, hatte die Mutter nötigen wollen, wenigstens ja oder nein zu sagen, als gäbe es keinen anderen Beweis für das Einander-Verstehen. Erst da die Tochter begreift, wie weit der Weg vom Hören zum Antworten mittlerweile geworden ist, kann sie dieses Nötigen lassen.

»Weißt du, daß du wunderbare Briefe geschrieben hast?«

Briefe, die wieder an den Tag gekommen sind beim Räumen des Hauses. »Ihr Sprachgefühl«, denkt die Tochter, »was wär ich geworden ohne ihr Sprachgefühl. Wie weh das tun muß, wenn man spürt, wie die Sprache schwindet, in der man gelebt hat.«

Manchmal gelingt der Tochter eine Provokation, die

den Weg vom Hören zum Reagieren nochmal verkürzt. Beim Nägelschneiden: »Wollen wir sie nicht wieder lackieren? Du hast sie doch früher immer lackiert.«

Die Mutter im Nu: »Ich? Die Nägel lackiert? Also hör mal, das hab ich doch nie gemacht! Die Nägel lackiert!«

Entrüstung. Schlimmer kann man die Mutter nicht fälschen.

»Ich wollte dich nur bißchen ärgern.«

Die Mutter lacht.

Ganz anders als früher kann die Mutter das Lachen genießen, seit sie vergißt, zumal die Varianten des Seufzens, über die sie einmal verfügt hat.

»Manchmal erscheints mir wie ein nachholendes Lachen. Ein andermal denk ich, ihr Lachen überspielt eine gefühlte Hilflosigkeit. Aber warum denn muß ich das so genau wissen.«

Die Mutter legt die Arme um die Tochter, die Tochter beugt den Kopf und rührt mit ihrer Stirn an die Stirn der Mutter.

»Ich hab dich lieb.«

»Ich dich auch«, sagt die Mutter.

Die Tochter kann sich nicht erinnern, daß die Augen der Mutter früher je soviel Ausdruck hatten, dunkler scheinen sie, plötzlich so glänzend. Als müßten die Augen jetzt Wörter ersetzen, die sich entziehen. Die Mutter drückt ihren Körper an den Körper der Tochter, ihr Lachen gleitet in ein Schluchzen hinüber, die Tochter denkt an diesen Augenblick vor zwei, drei Jahren, da ihr das Wort »überliebt« einfiel, so wunderbar treffend erschien.

»Ich hab ja für mein Gefühl von damals jetzt gar kein Gefühl mehr«, denkt die Tochter.

»Wenn ich dich nicht hätte«, sagt die Mutter.

»Und wenn ich dich nicht hätte«, sagt die Tochter. »Wenn wir uns nicht hätten«, sagt die Mutter. »Dann wüßten wirs vielleicht gar nicht«, sagt die Tochter. Das Schluchzen der Mutter kippt zurück ins Gelächter: »Das ist der beste Witz.« Sie kann mit dem Lachen nicht aufhören, während die kinderlose Tochter den Blick in ihr Übermorgen dreht, vorausschauend auf ihre eigene, kinderlose Vergreisung und erstaunlicherweise immer noch staunend, daß keine Ahnung dieser töchterlichen Schreckenszukunft die Mutter zu streifen scheint, andernfalls ihr Lachen natürlich in vorauseilender Sorge versiegte.

Mitten aber im Lachen bemerkt die Mutter, wie die Tochter an ihrem Kopf vorbei auf ihr Handgelenk schaut, das auf der Schulter der Mutter liegt. »Du schaust auf die Uhr«, sagt die Mutter, »ich glaub, du hast noch zu arbeiten.« »Und nicht ein Schatten von Enttäuschung hat auf ihrer Stimme gelegen«, erzählt die Tochter der Freundin, »nicht ein Schatten von Enttäuschung. Sie sagt zu mir: Ich glaub, du mußt gehen, und ich sag: Ich denk auch an dich, wenn ich weg bin, und sie sagt: Das will ich nicht, daß du immer mich im Auge hast, und ich sag: Ich hab ja zwei Augen, und da lacht sie wieder, und endlich, endlich kann ich das wunderbar finden, daß sie mich ressentimentlos nach Hause schickt.«

Früher, sagt die Tochter, habe sie sich gezwungen zu denken, das sei bloß die übliche Verzichtsinszenierung, Mutter-Verzichts-Inszenierung, »das war für meine Wut der willkommene Stoff. Jetzt wirkt es anders auf mich. Ob es so ist, daß sich in der Demenz manches löst, was früher routiniert, aufgesetzt wirkte? Ein kleines Moment der Befreiung, wenn das Wort nicht zu kühn ist.«

»Wohin gehst du jetzt?« sagt die Mutter.

»Nach Hause.«

»Und ich?«

»Du bist hier zu Hause.«

»Hier?«

Die Tochter nimmt die Mutter noch einmal bei der Hand und führt sie in der kleinen Wohnung herum.

»Hier ist dein Flur. Hier ist dein Kleiderschrank. Hier ist dein Badezimmer. Hier ist deine Kochnische. Hier ist dein Kühlschrank. Hier ist die Tür zu dem Raum, wo du wohnst und schläfst. Erkennst du dein Bett? Und hier deine Liege. Der runde Tisch, an dem du jeden Tag ißt. Die Kommode mit dem Geschirr drin und dem Krimskrams obendrauf. Erkennst dus?«

»Jaja«, sagt die Mutter.

»Und dort, in der Nische, neben dem Balkon, dein

Schreibtisch. Der liegt voller Zeug. Und da dein Bücherregal. Und obendrauf deine Fotos. Siehst du die Fotos? Der Vati. Der Gerhard. Die Gertrud. Der Matthias. Die Michaela. Ich.«

»Ja, natürlich«, sagt die Mutter.

»Und da deine Sessel. Und an den Wänden deine Bilder. Alles ist deins.«

Die Mutter, ihre Hand in der Hand der Tochter, schaut und schaut, und da die Tochter sie ansieht, bemerkt sie, wie bemüht die Mutter in sich selber nach etwas gräbt. Dann wendet sie sich der Tochter zu, nimmt deren beide Hände in die ihren und fragt mit verzweifelter Dringlichkeit: »Bitte sag mir, was ist jetzt die Situation?«

»Was meinst du mit ›Situation‹?«

Aber die Mutter, bei aller Konzentration, die auf ihrem Gesicht steht, findet kein anderes Wort:

»Ich meine – was jetzt genau die Situation ist.«

»Du meinst, warum du hier bist?«

»Ja«, sagt die Mutter erleichtert.

Da erzählt ihr die Tochter nochmal die ganze Geschichte. Wie der Vater gestorben sei. Wie der Onkel gestorben sei. Wie sie allein im Haus nicht habe bleiben können. Wie sie dann gemeinsam den Umzug beschlossen hätten, und daß die Mutter nun seit fast vier Jahren hier wohne.

»Aber wenn das alles so ... in Ordnung ist«, sagt die Mutter, »warum fällt mir das denn so schwer zu ...«, wieder entzieht sich das passende Wort. Die Tochter: »Du meinst, schwer zu verstehen?« »Ja«, sagt die Mutter, »ich meinc – warum?«

»Weil es auch schwer zu verstehen ist«, sagt die Tochter. »Ich verstehs ja selber nicht. Wir beide verstehen das Wesen der Zeit nicht. Eigentlich versteht niemand die Zeit.«

Die Tochter sieht der Mutter ins Gesicht. Der warzige Auswuchs am Augenlid. Die Flecken. Die dominante Nase, deren Spitze sich unterm Gewicht des Alters zu neigen scheint. Die Lippen, kaum mehr sichtbar, nach innen gezogen. Die Blässe. Aber die Augen. Diese plötzlich so dunkel leuchtenden, wie in einer Erwartung leuchtenden Augen.

»Wie komm ich auf Erwartung?« denkt die Tochter. Und sagt nochmal zur Mutter: »Eigentlich versteht niemand die Zeit. Weißt du noch, was die Marschallin im Rosenkavalier singt von der Zeit?«

Hat die Mutter mal ziemlich auswendig gekonnt. Und die Tochter, wie sie ein Semester in Wien studiert: sechsmal in den Rosenkavalier gerannt. Und immer Gesangskritiken nach Hause geschrieben. »Weißt du das noch?«

Die Tochter will das Klanggedächtnis der Mutter stimulieren – »die Zeit, die ist ein sonderbar Ding« –, versucht es halblaut, tiefer gelegt, mit unbeholfener Stimme – »erinnerst du dich, wie die Schwarzkopf das singt? ›Wenn man so hinlebt, ist sie rein gar nichts. Aber dann auf einmal, da spürt man nichts als sie: Sie ist um uns herum, sie ist auch in uns drinnen. In den Gesichtern, da rieselt sie. In meinen Schläfen fließt sie.‹« Im Gesicht der Mutter ein leiser Glanz des Erkennens, einzelne Phrasen steigen in ihr empor: »›Im Spiegel, da rieselt sie … wie kann denn das geschehn … wo ich doch immer die gleiche bin.‹«

So ausgedörrt und so stimmig jetzt ihre Töne angesichts des Unbegreiflichen. »Ich hab keine Stimme mehr.«

»Ich auch nicht. Und wenn man sich vorstellt, daß die Marschallin höchstens fünfunddreißig ist. Aber jetzt muß ich gehen.«

Es ist nicht wahr, daß sie muß. Sie will. Warum kann sie das nicht so sagen.

»Wohin gehst du jetzt?«

»Nach Hause.«

»Ja und ich?«

»Du bist hier zu Hause.«

»Hier«?

»Als ich alt zu sein anfing.« Wie schön, daß sie ›sein‹ schreibt, nicht ›werden‹. Zu Hause, nachts, vorm Einschlafen, sagt sich die Tochter Worte vor aus einer kleinen Dichtung, die sie liebt.

»Etwas, das ich unauf-
hörlich Vor mich hin weiss und vergesse Das
ich spüre, nicht erkenne Nicht behalten kann,
doch fühle Etwas stimmt nicht mit dem Alt-
sein Etwas wird nicht lang mehr gut gehen«

So ungefähr wird es die Mutter jetzt fühlen, und während sies der Mutter nachzufühlen versucht, bemerkt sie plötzlich: der Name der Autorin ist weg. »Verdammt, es häuft sich.«

Die Tochter tut, was sie in diesen Fällen jetzt immer tut, tastet sich, eine hochgespannte Zustoßbereitschaft im Hirn, durch alle Buchstaben des Alphabets, probiert mal am H herum, dann ziemlich lange am S, es muß was mit S sein, einen Augenblick lang entbirgt sich eine Anmutung des Wortklangs, die aber gleich wieder entschwebt, sie weiß, wenn der Name zurückkommt, wird es ihr unbegreiflich sein, an welchen weit entfernten Konsonanten sie rumprobiert hat, wie gern sähe sie jetzt ihren Hirnprozeß im Kernspin, Wolf Singer müßte erklären, in welchem Hirnsegment sich der Name gefangen hält, er kommt nicht, er kommt nicht, sie will es zwingen, nicht aufstehen, nicht nachschauen. Der Name würde ihr einfallen, wenn sie nur wegdenken könnte. »Warum kann ich nicht wegdenken!« Zwanzig Minuten, demütigend. Dann schaut sie nach.

»Wohmann! Ach so. Wie komm ich aufs S?«

Am Morgen hat die alternde Tochter große Sehnsucht nach alten Sachen. Sie nimmt ein schmales Buch aus dem Regal, »Über das Altern – Revolte und Resignation.« Auf dem Vorsatzblatt das Datum von Erwerb und erster Lektüre: Dezember 1968. Jean Améry, der Autor, ist damals 56. Die Tochter blättert, schaut ihre Unterstreichungen an, ihre Ausrufezeichen. Die Leserin von damals ist ihr vertraut noch, sie registriert es erleichtert: »Noch bin ich ich – was immer das heißen mag: ich.« Nicht mal der Hirnforscher weiß genau, was »ich« ist. Im Buch liegt gefaltet, Schreibmaschine auf Durchschlagpapier, die Rezension, die sie damals geschrieben hat, mit 27: Bewunderung. Bewunderung für Amérys unerbittliche Selbstbeobachtung, das schwarze existentialistische Pathos, mit dem er den Prozeß des Alterns aus den Hüllen des Trostes schält, den Verfall Verfall und das Ausweglose ausweglos nennt, die Absurdität, den eigenen Tod zu denken, in immer enger werdenden Zirkeln entblößt.

Damals, vor 35 Jahren, sei es die intellektuelle Faszination gewesen, sagt die Tochter der Freundin.

»Inzwischen aber die Nähe im Körpergefühl. Das gealterte Fleisch. Ich steh vor dem Spiegel, wie A. vor dem Spiegel steht. Und wenn ich mit meiner Mutter zusammen bin, nimmt das Interesse, Vergangenes aufzudecken, allmählich ab. Eher will ich, indem ich mit ihr bin, meine Zukunft aufdecken, möglichst gnadenlos. Aber wahrscheinlich ist das gelogen. Wahrscheinlich ist die Gnadenlosigkeit auch bloß ein Trick: Du beweist dir selber, daß du nicht trostbedürftig bist. Also voll auf der Höhe. Nicht alt.«

Die Mutter ist neunzig. Die Tochter ist zweiundsechzig. Das Auto ist dreizehn und sieht so aus. Der TÜV läuft gerade ab. Die Tochter steigt ins Auto, um zur Mutter zu fahren. Nach einigen Minuten bemerkt sie, daß sie im Nassen sitzt.

Es tropft ihr auf den Kopf, an der Kante des geschlossenen Schiebedachs sammelt sich Regenwasser. Panik vorm Winter. Panik vorm TÜV. Werkstatt, Leihwagen, lohnt sich doch alles nicht mehr, die Kiste ist fällig. Keine Zeit, keine Nerven, was Gebrauchtes zu suchen. Aber ohne Auto braucht man ins Wohnstift zwei Stunden. Ein Neuer? Die Tochter überschlägt die Konten. Das Mutterkonto, je nachdem, wieviel Pflege nötig sein wird, reicht noch ein paar Jahre. Auf dem Tochterkonto liegt jetzt ein Teil vom Haus. Es muß da bleiben, weil die Mutter ja vielleicht hundertzwanzig wird. Die Tochter wagt nicht, an diesen Gedanken wirklich hinzufühlen vor lauter Furcht, nichts als den Geldgedanken zu fühlen. Sie wünscht der Mutter und sich selber wahrscheinlich noch mehr, daß es sich nicht ins Elende hinzieht. Nur darf der Gedanke nicht gedreht werden, so, als wollte die Tochter, daß die Mutter bald stürbe. Das will sie doch nicht; oder jetzt nur so zart, daß sie die Wörter gar nicht ertrüge, die dann auftauchen würden.

Sie fährt das Auto, die verrottete Kiste, in die Garage vom Baumarkt und sucht nach einem feuchtigkeitsresistenten Klebeband. Sitzt dann auf dem Fahrersitz, den Kopf fast waagerecht nach hinten gebogen, klebt Streifen für Streifen quer über die Kanten, eine dreiviertel Stunde lang, der Nacken knackt, plötzlich scharfer Schmerz, Schwindel beim Aufrichten des Kopfes. »Es kann ja sein, daß ich den 120. Geburtstag meiner Mutter gar nicht erlebe. Ich bin verrückt.«

Drei Tage später das Drohgeräusch von der Vorderachse. Da ist die Aufhängung hin. »Damit sollten Sie nicht mehr fahren.«

Die Tochter beschließt, wenigstens den 91. Geburtstag der Mutter noch zu erleben.

Mutter und Tochter kommen aus dem Lift. Die Mutter will sich nach rechts wenden, die Tochter schiebt sie sanft in die andere Richtung. Auf dem Weg zu ihrem Appartement muß die Mutter an drei Türen vorbei, an denen fremde Namen stehen. An jedem Namensschild hält sie an, beugt sich vor und buchstabiert. Dann kommt sie zu ihrer Tür, erkennt ihren eigenen Namen, dreht sich zur Tochter, schaut sie an mit einem Ausdruck, in dem Überraschung, ungläubiges Staunen, Verschmitztheit zusammenfließen, und etwas Verschwörerisches, als teile man nun ein Geheimnis. Wenn die Tochter aufschließt, beginnt die Mutter zu lachen.

Die Tochter erwartet und liebt diese Szene, deren fast schon ewige Wiederkehr.

Diesmal will sie von der Mutter wissen, warum sie eigentlich an ihrer eigenen Tür immer so überrascht sei. Die Mutter schweigt. »Sag doch mal«, insistiert die Tochter, »erinnert dich das an irgendwas?«

»Jetzt laß mal die Erinnerung ruhen«, sagt die Mutter.

So leben sie hin.

So leben sie hin, bis die Mutter wieder gefunden wird morgens, auf dem Boden liegend neben dem Bett. Der

Oberschenkelhals ist diesmal gebrochen und muß genagelt werden. Die Mutter versteht nichts. Überlebt die Operation. Reißt sich, nach dem Erwachen, die Kanülen aus den Venen, am Arm, am Hals. Überall Ergüsse unter der Pergamenthaut, schwarzblauviolett. Der geschundene Körper. Kein Fleisch mehr auf den Unterarmknochen. Wasser in den Beinen. In der Lunge.

Der Blasenkatheter. Die Windeln. Die Einläufe. Der Kot. Die schwarze Spur unter den Fingernägeln vom Hinlangen. Die Scham. Die Schmerzen. Das Wimmern.

Jeden Tag sitzt die Tochter am Bett der Mutter, im Auf und Ab. Das Wortkostüm, das sie sich zugelegt hat, um sich zu schützen, vergeht. Sie sitzt jetzt da in einer Blöße, dem Schmerz ausgeliefert, der Liebe, die mit Engelsgewalt über sie hereinbricht. Aug in Auge mit der Mutter, deren Hand an ihre Wange gelegt, sie streichelt sich mit der Hand der Mutter, und die Mutter läßt ihre Hand mit winzigen Bewegungen etwas sagen. Die Tochter sucht ein anderes Wort für das abgeschabte Wort »unverwandt« und findet keins.

Mutter und Tochter schauen einander unverwandt an, nichts hilft jetzt mehr gegen dieses Wort.

Bis eine neue Schmerzattacke den Blick der Mutter ablenkt, in sich selber zurückwendet.

Die Tochter denkt an Musik.

»Sie muß noch einmal ihre Musik hören.«

Ein CD-Spieler, Kopfhörer, »Die Winterreise«. Die

Tochter, wie sie der Mutter die Kopfhörer aufsetzt, will das Ende in den Anfang zurückholen.

Sitzt also da und kann, über die halboffenen Kopfhörer, ein wenig mithören, zumal an den Forte-Stellen, »mein Herz, mein Herz«.

Schläft sie? Hört sie? Hört sie im Schlafen?

Die Tochter jetzt wieder in einer Haltung wie vor sechs Jahren beim Vater. Nicht aber Worte belauschend, sondern gebannt in der Hoffnung, auf dem Gesicht der Mutter ein Zeichen des Erinnerns zu finden.

Und wie dann endlich der Wanderer auf seiner Hoffnung Grab weint, waheint und waheint, sieht die Tochter zwischen Augen und Nase der Mutter eine Regung. Und die Mutter hebt, so scheint es, ein wenig das Kinn.

Da weiß die Tochter, daß gar nicht die Mutter da liegt, sondern sie selber.